L'ALLEMAGNE

ET LE DROIT

DES GAULES

IMPRIMERIE J. CLAYE
RUE SAINT BENOIT 7
LABOR
PARIS

L'ALLEMAGNE

ET LE DROIT

DES

GAULES

PAR

PAUL DE JOUVENCEL

DEUXIÈME ÉDITION, CORRIGÉE

PARIS

E. DENTU, ÉDITEUR

PALAIS-ROYAL, 17, GALERIE D'ORLÉANS

1867

A la fin d'avril, une grande guerre était près
d'éclater, et très-peu de personnes connaissaient exac-
tement les termes du conflit; beaucoup de journalistes
même semblaient se méprendre sur son objet. On peut
dire que la conférence de Londres a brusquement
étouffé cette question du Luxembourg avant que le
public l'ait comprise.

Mais la discussion a ouvert les esprits; elle a fait
mieux connaître les sentiments de l'Allemagne, et, par
suite, le sens des événements de l'année dernière.

De sorte que les mêmes personnes qui haussaient
d'abord les épaules lorsqu'il s'est agi d'annexer le
Luxembourg, se demandent aujourd'hui si la question
posée entre la France et la Prusse n'était pas beaucoup plus étendue que ce duché; et voilà les discussions et les prédictions inquiétantes qui reprennent
leur cours.

Dans une telle situation de l'opinion publique, il

m'a paru utile d'exposer, d'une manière précise, en quoi les événements récents menacent la sécurité de la France, quel but nécessaire est désormais assigné à sa politique extérieure et quel est, enfin, son droit devant l'Europe.

Ce sujet se rattache à de nombreux événements très-divers, séparés souvent par des siècles. Il n'est donc pas possible de le traiter sans de fréquents appels à l'histoire. Et, malgré les interruptions qui en résulteront parfois dans l'enchaînement d'idées particulier à cet écrit, nous espérons que nul ne considérera comme des digressions ces éclaircissements et ces points de départ indispensables.

Nous examinerons d'abord la transformation de l'Allemagne, son caractère, son origine, son but, ses moyens.

Nous établirons que l'autonomie germanique ne peut être admise de ce côté du Rhin.

Nous montrerons ensuite que la France n'a point intérêt à s'annexer des territoires belges ou rhénans; mais qu'aucun gouvernement français ne peut désormais admettre indéfiniment qu'un peuple étranger quelconque conserve une forteresse, un soldat ou un droit de protection de ce côté du Rhin.

Qu'en conséquence, la politique extérieure de la France doit tendre désormais, d'une manière invariable, à former une confédération des Gaules où l'état militaire et diplomatique soit exclusivement commandé par elle.

Nous rechercherons enfin par quelles causes et à l'aide de quels moyens la France peut ouvertement et promptement atteindre ce résultat conforme à son droit historique.

Nous savons bien que notre langage et la netteté de ce sommaire paraîtront exorbitants aux personnes chargées de traiter les questions internationales dans les chancelleries ; mais nous n'écrivons pas pour les diplomates, nous écrivons pour nos simples concitoyens.

Et nous espérons que cet écrit éclairera les lecteurs sur une situation pleine de dangers, mais qui, reconnue hardiment, doit ouvrir la route vers l'état définitif de puissance et de sécurité auquel notre nation a droit de prétendre.

L'ALLEMAGNE

ET LE DROIT

DES GAULES

I.

Depuis les âges fabuleux, deux grandes familles de peuples, la famille gauloise et la famille germanique, ont occupé l'occident et le centre de l'Europe. Nous dirons ailleurs quelles furent leurs limites séculaires.

La famille gauloise a précédé en toutes choses la famille germanique.

Bien des siècles avant que celle-ci fût connue de l'histoire, les Gaulois en armes avaient parcouru l'Europe en tous sens, conquis la Bohême, l'Espagne, le nord de l'Italie, l'Albanie, la Carniole, et formé un grand établissement en Asie. Longtemps avant César, ils avaient encore traversé l'Europe, pris Rome et détruit la fameuse phalange macédonienne.

L'ami de Mithridate, le second Odin, législateur de la Scandinavie, était un Gaulois.

Ainsi la domination des Gaulois sur le monde antique

avait précédé celle des Romains, qu'ils combattirent longtemps partout et mirent souvent en péril. Et au moment où César envahissait les Gaules, il trouvait dans cette vaste contrée une civilisation très-avancée, tandis qu'à la même époque les forêts de la Germanie n'abritaient encore que des tribus entièrement barbares.

Entre les Gaulois et les Romains, du temps de César, il existait plus d'une similitude : ils aimaient également la guerre et l'éloquence; ils avaient également reçu la longue éducation d'une magistrature religieuse et politique.

C'est pourquoi la Gaule était toute disposée à recevoir et à s'approprier les résultats supérieurs de la civilisation romaine, tels que les municipes, la législation écrite, et la conception de l'unité administrative.

Le christianisme vint ajouter sa doctrine, l'Église ajouta sa discipline à tant d'autres éléments qui préparaient l'unité des Gaules.

De sorte qu'à l'époque des immigrations des barbares, la Gaule leur était si supérieure en intelligence et en science qu'elle leur imposa bientôt sa religion, une partie de ses coutumes, et plus tard sa langue et ses tendances générales.

Au viiie siècle, Charlemagne lui-même n'avait presque plus rien du barbare, et il put former de toutes les Gaules le tronc d'un immense empire qu'il étendit en Italie et en Germanie.

Depuis que l'empire romain avait été brisé, c'était la première fois que reparaissait l'unité dans les Gaules.

Cette unité passagère se détendit avec la main puissante de Charlemagne, et se déchira sous l'action de ses successeurs, chez lesquels survivaient l'esprit de division, l'avidité et l'incapacité politique des barbares germains, mais elle laissa un idéal aux peuples de la Gaule; et les causes profondes que nous avons montrées continuèrent d'agir dans la formation de leur esprit national.

Quant à la Germanie, son histoire jusque-là n'est pas brillante.

On sait seulement que vers la fin de l'empire romain des multitudes innombrables, venues du nord de l'Europe et de l'Asie, refoulèrent les peuplades sauvages qui l'habitaient dans des huttes éparses.

Parmi ces peuplades, les plus méridionales, et principalement celles de la ligue fédérative formée par les *Franks*, reçurent de leur contact avec le monde gallo-romain un commencement de civilisation et franchirent peu à peu le Rhin. Leur territoire fut occupé par d'autres peuplades très-inférieures, venues de loin. Et, comme des phénomènes analogues se produisirent dans toute l'étendue des contrées situées au nord du Rhin et du Danube, la Germanie, plusieurs siècles après la chute de l'empire romain, ne présentait encore que des lambeaux des nations les plus diverses, restes des anciennes peuplades originaires ou des invasions qui s'y étaient établies; ainsi un grand nombre de ces nations n'étaient même nullement germaines. Au temps de Charlemagne, la plus grande partie de la Germanie était toujours païenne, barbare, partagée comme nous venons de le dire. Loin d'avoir comme la Gaule atteint l'unité politique, elle semblait avoir perdu pour toujours la possibilité d'y parvenir.

Et pendant que cette variété d'origines perpétuait chez ces peuples jusqu'à nos jours des différences d'intérêts, de mœurs, de tendances, des répulsions ardentes qui ne leur permettaient point de dépasser le faible lien du fédéralisme féodal, pendant qu'à la fin du moyen âge la réforme de Luther venait ajouter à ces causes de désunion entre eux ; sous la double action des origines romaines et du catholicisme, la France dont le foyer s'était concentré à Paris pour y grandir de siècle en siècle, la France tendit incessamment à l'unité religieuse, politique, administrative.

La monarchie fit sa part, une grande part, dans cette œuvre ; la révolution fit le reste.

Elle détruisit sans retour dans les Gaules, depuis les Pyrénées jusqu'au Rhin, les entraves, les châteaux forts et les barrières du moyen âge, et y substitua l'organisation administrative et politique qui est devenue de nos jours le type imité par tous les peuples en progrès.

A ce moment, la Germanie était encore en plein moyen âge. Naturellement le moyen âge prétendit écraser l'ère nouvelle, et la Prusse prit l'initiative de l'attaque. On sait comment elle fut repoussée.

II.

Relativement à la question que nous étudions, la révolution et l'empire peuvent se résumer dans ces deux lignes :

Provocations de l'Allemagne, punies par la défaite sur vingt champs de bataille et la conquête.

Abus de la victoire de la France en Allemagne, punie par l'immense et juste soulèvement de 1813.

En 1813, après le désastre de l'armée française dans la campagne de Moscou, l'année précédente, les Russes approchaient ; l'Allemagne presque unanime demanda à marcher contre l'oppresseur. Ses princes lui promirent la liberté si elle leur donnait la victoire ; et, victorieuse à Leipsig, la coalition offrit à la France la paix et ses limites naturelles.

L'empereur refusa la paix, l'empire tomba, la France fut en partie démembrée.

C'est alors que l'Allemagne se reconstitua.

Elle ne présentait plus les nombreuses principautés qui se la partageaient avant la révolution française. Nos armées avaient abattu pour jamais une grande partie de ces petites forteresses du vieil esprit de division qui était le fond même de son histoire politique. Et certes, si nous lui avons fait payer cher ce service, l'histoire impartiale pourra juger qu'il valait bien ce qu'il a coûté.

Mais, occupée par des peuples d'origine et surtout de tendances diverses, profondément séparée par le protestantisme au nord et le catholicisme au sud, elle était encore possédée du vieil esprit des barbares germains. D'ailleurs elle présentait deux puissances principales dont l'antagonisme inévitable ne permettait pas qu'elle pût concevoir alors d'autre forme politique qu'une fédération.

« Les principes de la nouvelle constitution germa-
« nique étaient arrêtés. L'Autriche, qui dans tout ce qui
« la regardait avait fait preuve d'une rare prudence,
« avait refusé le rétablissement de la couronne germa-
« nique qu'on était prêt à admettre, de même qu'elle
« avait refusé les provinces belges qui préféraient sa sou-
« veraineté à celle de la Hollande, et que l'Angleterre
« lui aurait cédées volontiers pour qu'elle se trouvât en
« contact avec la France, ainsi que l'étaient déjà la
« Prusse et la Bavière... »

La Prusse avait reçu, sur la rive gauche du Rhin, les départements de la Roer (*Cologne*), de Rhin-et-Moselle (*Coblentz*), et de la Sarre (*Trèves, Sarrelouis*).

La Bavière avait reçu *Landau* avec partie du département du Mont-Tonnerre. Une autre partie de ce département avait été donnée avec *Mayence* au duc de Hesse.

« ... L'Autriche, consentant bien à ce que les autres
« fussent compromis, et ne se souciant pas de l'être,

« avait refusé les provinces belges, riches, belles, bien
« disposées, mais lointaines et placées trop près de la
« France. Les provinces vénitiennes et milanaises, moins
« industrieuses, mais aussi fertiles, et mieux situées par
« rapport à elle, lui convenaient davantage. Quant à la
« couronne germanique, elle en avait senti le poids, et
« elle n'en voulait pas la dépendance, si en la rétablis-
« sant on la laissait élective. Or, comme la Prusse ne pou-
« vait l'admettre qu'élective, dans l'espérance de l'ob-
« tenir un jour, l'Autriche avait eu la sagesse de ne plus
« vouloir d'une couronne fort lourde, qu'on n'obtenait à
« chaque règne qu'en flattant les électeurs, et qu'on était
« menacé de voir passer à la Prusse. Elle avait mieux
« aimé voir cette couronne abolie et convertie en ce
« qu'elle avait de plus réellement utile, la présidence
« perpétuelle de la diète germanique; il est vrai qu'on
« laissait ainsi indécise une question des plus graves, et
« qui devait être l'une des difficultés de l'avenir, celle du
« commandement militaire de la confédération...

« L'ancienne diète simplifiée, avec l'Autriche pour
« président perpétuel, avait été généralement préférée.
« Au lieu de la division en plusieurs ordres et du nombre
« infini des votants, on avait résolu de se conformer aux
« indications du temps et de concentrer le vote comme
« on avait concentré la souveraineté. On établit donc une
« assemblée ordinaire de dix-sept confédérés, dans la-
« quelle chacun d'eux n'avait qu'une voix, quelle que
« fût sa puissance... Sauf toutefois à réunir les trop petits
« princes en divers groupes qui n'en auraient qu'une.

« Les anciennes villes libres notamment, réduites à
« quatre, Francfort, Brême, Lubeck, Hambourg, durent
« toutes ensemble n'avoir qu'une voix. Indépendamment
« de cette assemblée ordinaire, siégeant perpétuellement
« à Francfort, résolvant les affaires courantes, et déci-
« dant les cas de compétence, on en établit une autre,
« dite générale, composée de 69 votants, où chacun
« devait avoir un nombre de voix proportionné à son
« importance, lorsqu'il s'agirait ou des lois fondamen-
« tales ou des grands intérêts du pacte fédéral.

« ... Les confédérés conservaient leur indépendance
« souveraine, pouvaient avoir leurs armées, leurs repré-
« sentants auprès des divers États de l'Europe, mais ne
« pouvaient contracter d'alliance contraire ni au pacte
« fédéral ni à la sûreté de la confédération, et étaient
« tenus, pour la défense de ces grands intérêts, à fournir
« un contingent calculé d'après leur force respective. »

Thiers, Consulat et Empire, t. XVIII, p. 601.

Cependant l'Allemagne, trompée par ses princes,
n'avait pas obtenu de libertés.

D'ailleurs, divers changements, des révolutions, des
guerres avaient ému l'Europe de 1815 à 1840. Dans
d'éclatantes circonstances, comme après la révolution
belge et à l'époque de la quadruple alliance, on avait
entendu parler de la Prusse et de l'Autriche; mais la
confédération germanique avait été comptée à peu près
pour rien. C'est là ce que les Allemands voyaient avec
douleur.

Que la Prusse, alors puissance médiocre, plus riche d'orgueil que de force réelle, que l'Autriche, puissance plutôt slave, italienne et hongroise qu'allemande, jouassent un brillant rôle dans le monde, cela ne faisait que leur rendre plus pénible ce spectacle de la grande masse allemande confédérée, réduite à une impuissance extérieure évidente.

En dehors de la Prusse et de l'Autriche, le Hanovre, le Wurtemberg, la Saxe et la Bavière montraient le plus pur du sang allemand. Gœthe, Schiller, Wieland et presque tous les plus grands hommes modernes de la Germanie n'étaient ni Prussiens ni Autrichiens. Ce n'était ni en Prusse ni en Autriche que se parlait le pur allemand, ce n'était ni en Prusse ni en Autriche que brillait le haut génie et le grand art de l'Allemagne...

III.

Pendant trente-cinq ans, l'Allemagne rêva la liberté, et, les yeux toujours fixés sur la France, elle disserta sur l'unité.

Car la famille gauloise, toute vaincue et en partie démembrée qu'elle avait été en 1814 et en 1815, demeurait en possession de cette grande force, de cette supériorité écrasante : l'unité, tandis que la famille germanique, qui avait eu tant de part à la victoire, restait enfoncée dans le moyen âge.

Toutefois l'unité que désirait l'Allemagne n'était pas

2

la centralisation de toutes ses forces politiques et financières, militaires et administratives, enseignantes et religieuses, sous une seule couronne, dans la main d'un État unique, comme en France; loin de là.

Le préambule du *projet de loi fondamentale*, présenté à la diète le 26 avril 1848, disait : « S'il est certain « qu'une unité, telle qu'elle existe dans d'autres pays de « l'Europe, ne peut être réalisée sur le sol germanique « que par une série interminable de violences et de for- « faits, dont aucun véritable ami de la patrie ne voudrait « assumer la responsabilité, il n'est pas moins certain « qu'une fois le but atteint, un sentiment de complet « isolement et de découragement s'emparerait des esprits « allemands; car ce serait une rupture subite et impru- « dente avec le passé. »

En effet, qui donc aurait-elle accepté pour dépositaire et seul maître de tous ses pouvoirs?..

La Prusse?...

Mais elle était protestante, c'est-à-dire incompatible avec l'Allemagne catholique; mais toute l'Allemagne haïssait son militarisme bureaucratique et ne s'en cachait pas.

L'Autriche?...

Mais elle était catholique, c'est-à-dire incompatible avec l'Allemagne protestante; mais elle était l'ennemie traditionnelle et cruelle de toute liberté.

Non; l'Allemagne rêvait le rassemblement de toutes ses forces intellectuelles dans une vaste assemblée représentative, et le commandement militaire de l'Allemagne dans une seule main souveraine; ces deux conditions suffisaient à peu près seules à son rêve.

Elle imaginait la grande assemblée imposant, à tous les princes allemands qu'elle dominait, le libéralisme particulier de chacune des nations allemandes; et, en même temps que le nouvel empereur de l'Allemagne devenait l'instrûment redouté de son influence extérieure, il faisait exécuter les décrets de cette grande assemblée chez tous les souverains allemands, qui, d'ailleurs, conservaient leur pouvoir modifié seulement par ces deux conditions.

Au bruit du 24 février 1848, tout s'émeut en Allemagne. Après un combat sanglant dans les rues de Berlin, le roi de Prusse est contraint de descendre, à la porte de son palais, pour saluer les cadavres de ses sujets insurgés que le peuple lui apporte. L'armée évacue la capitale.

Pour arrêter la révolution victorieuse, il parcourt la ville à cheval, portant les couleurs tricolores allemandes. Il déclare qu'il veut se mettre à la tête du mouvement constitutionnel allemand, et qu'une *diète réunie* sera convoquée sans délai. « Je jure devant Dieu, dit-il, que « je ne veux point briser les trônes allemands, mais pro- « téger l'unité et la liberté de l'Allemagne sur les bases « d'une constitution allemande sincère. »

Ce roi qui se mettait à la tête du parti constitutionnel, par suite d'un mouvement populaire issu de notre révolution de 1848, ce même roi avait dit l'année précédente en ouvrant la diète rassemblée à Berlin :

« Héritier d'une couronne que j'ai reçue sans atteinte

« et que je dois et veux léguer sans atteinte à mes suc-
« cesseurs..., il me tarde de faire la déclaration solen-
« nelle qu'aucune puissance de la terre ne pourra jamais
« m'amener à changer les rapports naturels entre le
« souverain et son peuple, rapports qui, par leur vérité
« entière, nous font si forts, en des rapports conven-
« tionnels et constitutionnels ; et que jamais je ne per-
« mettrai qu'une feuille écrite vienne s'interposer pour
« jouer le rôle d'une seconde providence entre Dieu,
« notre Seigneur du ciel, et ce pays, pour nous gou-
« verner par ses paragraphes et pour remplacer par eux
« la sainte et antique fidélité. — La couronne ne peut
« pas, elle ne doit pas plier à la volonté des majorités, à
« moins que la Prusse ne soit annihilée en Europe. —
« La même franchise m'engage maintenant à vous don-
« ner, en témoignage de la confiance que j'ai placée en
« vous, nobles seigneurs et féaux états, ma parole de roi
« que je ne vous aurais pas convoqués, si j'avais eu le
« moindre doute que vous puissiez songer à jouer le rôle
« de soi-disant représentants du peuple. »

Ainsi le coup de foudre du 24 février avait amené une grande conversion chez le roi de Prusse. Dans cette circonstance, du moins, les libéraux allemands n'ont pas dû se plaindre de l'influence française.

L'Allemagne crut l'heure de l'unité venue.

On sait comment les tentatives d'unité échouèrent avec le Parlement de Francfort, en même temps que la réaction triomphait en France et sur toute la face de l'Europe.

Cependant, pour l'observateur attentif, il était évident que le besoin d'unité politique en Allemagne n'avait pas diminué [1].

IV.

En 1866, à l'occasion d'un différend avec l'Autriche au sujet du Schleswig-Holstein, différend dans lequel son audace était plus claire que sa bonne foi, la Prusse a déclaré que la confédération germanique était dissoute.

Après avoir vaincu l'Autriche et la confédération, elle a annexé une grande partie des États de la confédération, détrôné des souverains et déclaré que l'unité allemande était faite, quoique incomplète, car elle admettait l'établissement d'une confédération de l'Allemagne du Sud qui devait comprendre la Bavière, le Wurtemberg et quelques autres États moindres.

De quel œil un Français doit-il voir ces actes de la Prusse, et comment le gouvernement français devait-il les accueillir?

Il est facile de soutenir qu'au moment où la Prusse a déclaré la confédération dissoute, le gouvernement français devait dire à la Prusse : Fort bien, nous n'y tenons

---

1. Dans une brochure publiée à Bruxelles, en 1854, l'auteur de cet écrit établissait que l'unité allemande était désirable, et que Berlin en était le centre assuré et légitime.

pas ! mais nous ne pouvons admettre que vous grandissiez outre mesure en gardant les clefs de la France à vous remises pour la confédération en 1815. Nous ne permettrons donc une guerre entre vous et la confédération que si nous sommes assurés que votre victoire ne vous donnerait pas, à la fois, un agrandissement et la possession desdites clefs de la France d'une manière plus absolue et plus indépendante qu'elle ne l'était en vertu des traités de 1815. Ne soyez donc pas étonnés si nous occupons immédiatement la ligne de la Sarre, tout au moins.

Et le lendemain de cette missive, le camp de Châlons étant porté sur la Sarre, ou la Prusse aurait ainsi que ses ouailles accepté cette condition de sa liberté d'action, et nous aurions après Sadowa gardé la Sarre tout au moins, ce qui eût été un fort bon marché pour elle ; ou bien la Prusse aurait réclamé, atermoyé ; obligée de tenir des forces respectables sur la Sarre pour nous empêcher de l'occuper, elle n'eût pas vaincu à Sadowa, elle eût probablement alors accepté la conférence proposée, et tout était changé.

Oui, c'est une thèse facile ; plusieurs autres thèses encore sont faciles et brillantes sur ce sujet, comme toutes les critiques sur les événements passés.

Mais, en vérité, y avait-il de quoi s'irriter beaucoup en France de ce qu'une puissance allemande se chargeait d'abattre une institution militaire élevée principalement contre la France ?

N'y avait-il pas lieu d'attendre, selon les principes les plus élémentaires, que les deux adversaires se fussent un peu éreintés l'un l'autre pour prendre la parole et intervenir fraîchement?

N'était-il pas à craindre qu'en venant ainsi indirectement au secours de l'Autriche on ne combattît trop efficacement pour elle, de telle sorte que, la Prusse mise dans l'impossibilité d'agir, l'Italie perdît toute chance de gagner Venise?

Qui donc pouvait penser qu'une puissance forte de trente-huit millions de sujets, l'Autriche, qui avait si bien combattu en 1859 et qui allait faire encore si bonne figure en Italie, fût tombée à ce point de désarroi, que ses magnifiques troupes, sans munitions, sans vivres, sans plan, presque sans commandement, attendraient que l'ennemi s'emparât de Dresde pour venir ensuite les chercher jusqu'en Bohême, selon des combinaisons que Napoléon a rendues classiques sur ce même théâtre en 1813, et seraient écrasées du premier coup par une puissance de dix-neuf millions d'habitants?

On peut soutenir très-plausiblement que ce n'est pas lors de la déclaration de Francfort qu'il fallait traiter avec la Prusse l'arme au bras; c'était lorsque, après Sadowa, elle ne cacha pas ses projets d'annexions démesurées. Mais pour cela il aurait fallu être prêt; or ce n'est un mystère pour personne que la France n'était pas prête.

Comment l'histoire expliquera-t-elle que la France impériale put n'avoir pas deux cent mille hommes toujours prêts à entrer en ligne, dans cette brèche toujours ouverte que la coalition a faite à nos frontières en 1815 vers Sarrelouis? comment, lorsque les circonstances du conflit se préparaient depuis six mois, n'était-on pas prêt? comment, avec un budget énorme, n'avait-on pas sévèrement veillé à ce que l'armement de nos troupes fût constamment égal, sinon supérieur à celui de n'importe quelle nation?... L'examen de ces questions est inutile à notre objet.

Les écrivains les plus modérés s'accorderont sans doute à le dire : dans ces événements le gouvernement français a cherché des chances, plutôt qu'il n'a suivi un plan déterminé; et, faute de s'être proposé un but, il a perdu l'occasion de l'atteindre.

Délaissons d'inutiles discussions sur ce qu'on eût dû faire; et, pour savoir ce que l'on doit faire, reprenons notre résumé.

V.

La Prusse victorieuse, après les annexions du Hanovre et de plusieurs autres États allemands qui ont porté sa population de dix-neuf millions à vingt-neuf millions, a installé une confédération dite du nord, dont elle s'est attribué le commandement diplomatique et militaire exclusif, et dans laquelle toutes les forces doivent être organisées selon les règles adoptées en Prusse. Cette confédération, qui comprend en tout une vingtaine d'États, présente une population de plus de trente millions d'habitants; à la vérité, il demeurait toujours entendu que les États du midi de l'Allemagne formeraient une confédération dite du Sud en dehors de la confédération du Nord.

Cependant en la voyant marcher si vite, l'opinion publique en Europe s'est émue. Les Anglais ont commencé par nous railler un peu, les Français ont commencé à comprendre que la circulaire de M. de la Valette, qui trouvait tout pour le mieux dans ces événements, était assez bizarre.

Alors est venue la mémorable discussion de la chambre des députés à Paris. On voyait beaucoup d'allées et venues entre la Prusse et les cours du Sud, Bavière en tête : on a demandé ce que ferait le gouvernement si la Prusse allait jusqu'à absorber, contrairement à l'esprit du traité de Prague, les forces des États de la confédération du Sud.

M. Rouher a solennellement répondu que le gouvernement français avait reçu de la Prusse les assurances les plus positives, les plus absolues, que rien ne serait fait en ce sens.

Et le lendemain, le *Moniteur* prussien faisait connaître que, dès le mois d'août 1866, un traité secret avait soumis à la direction absolue et exclusive de la Prusse toutes les forces militaires qui devaient former la confédération du Sud. De sorte qu'à dater de ce jour, la France n'a pu ignorer que désormais elle avait pour voisine une masse compacte de plus de quarante millions d'habitants, bientôt prête à mettre sur pied les immenses forces militaires que peut donner le système prussien, dans lequel tout homme valide, à peu près, est soldat pendant toute sa jeunesse.

C'est cette masse que les Prussiens appellent la Prusse, et que les autres Allemands appellent l'unité allemánde, la patrie allemande.

Nous allons examiner ses caractères.

VI.

Nous ne saurions admettre qu'un Français possède un droit quelconque de juger les révolutions intérieures des peuples selon les règles d'une politique particulière à la France, ou selon les règles de son intérêt.

Notre nation a beaucoup contribué à établir le droit des peuples à se gouverner intérieurement comme ils l'entendent ; elle a fait respecter ce droit chez elle tant qu'elle a été l'arbitre de ses propres destinées, c'est-à-dire sous la république ; elle n'a jamais pu se louer de s'en être écartée : tout citoyen français doit reconnaître et respecter ce droit chez les autres nations.

De plus, il paraît conforme à une loi naturelle de la physiologie générale de l'humanité, que les peuples tendent finalement à former des unités administratives et politiques de plus en plus vastes.

Que l'Allemagne ait tendu énergiquement vers l'unité, elle était dans son droit.

Que nous eussions un droit quelconque d'empêcher cette unité de se faire, non assurément.

Que si, cette unité faite, nous ayons un droit quelconque de la contrecarrer pour cela même, non, cent fois non.

Loin de nous plaindre, si c'était l'unité de l'Allemagne qui vînt de se former, nous devrions y applaudir et y voir une conséquence, une suite nécessaire de l'œuvre de notre nation, un résultat assuré par l'épée française d'abord ; car ce sont nos armes, non moins que nos idées, qui sous la république et l'empire ont commencé la destruction des vieilles choses féodales en Allemagne.

Au point de vue purement français, non moins qu'au point de vue de la paix générale et de la liberté de l'Europe, si l'unité de l'Italie était désirable afin de fermer ce chemin à l'Autriche, l'unité de l'Allemagne pourrait être non moins désirable, afin d'empêcher la Russie d'entreprendre sur l'Occident. A l'heure où l'indépendance de l'Europe serait menacée par la Russie, l'unité de l'Allemagne serait d'autant plus efficace pour la résistance qu'entre les Allemands et les Russes, l'antipathie est très-profonde.

Mais ce qui vient de se faire ce n'est pas l'unité de l'Allemagne, c'est la conquête de l'Allemagne par la Prusse.

Écoutez en effet le langage des actes d'annexion ; c'est au nom du droit de conquête, c'est-à-dire de la force, que les rois sont détrônés et les peuples réunis à la Prusse. Demande-t-on leur avis ? Non, pas même un simulacre, la force suffit. C'est en leur mettant l'épée sur la gorge que la Prusse dit aux petits États allemands : « Confédérez-vous avec moi tout de suite. » Puis, toujours l'épée à la main, elle dit à l'Europe : « Ceci est l'unité allemande, malheur à qui la trouble ! » Et les Allemands répètent alors en chœur : « Ceci est l'unité allemande, malheur à qui la trouble ! »

Entre temps, les journaux officieux de Berlin nous tiennent de beaux discours sur cette œuvre et sur sa nature.

« ... Le caractère de la confédération du Nord, comme
« celui de tous les États fédératifs, est essentiellement
« pacifique ; il n'est pas dirigé vers l'attaque, mais vers la
« défense. L'Allemagne se sent forte dans ce caractère
« défensif..., etc. »

Certainement, ceux qui parlent ainsi nous croient parvenus à un degré d'imbécillité rare ; à moins qu'ils ne nous pensent affligés d'une ignorance bien méprisable.

En effet, qu'est-ce donc qu'une confédération défensive ?

Nous n'avons pas besoin d'aller bien loin pour en trouver un exemple, car l'Allemagne elle-même nous l'offrait dans ce *Deutschbund* que la Prusse a déclaré dissous.

La confédération germanique formait bien une grande puissance purement défensive, dont le siége n'était ni Vienne ni Berlin, mais Francfort ; et où tous les États de l'Allemagne envoyaient des députés en nombre tel, que les deux grands États, la Prusse et l'Autriche, en réunissant leurs votes, ne pouvaient former une majorité contre la masse des petits États allemands qui, au contraire, en se réunissant, disposaient d'une majorité assurée contre les deux grandes puissances et, à plus forte raison, contre chacune d'elles.

Mais aujourd'hui, dans l'état de choses dont le centre est Berlin, que voyons-nous?

Une puissance conquérante, de vingt-neuf millions d'habitants, assemble autour d'elle de petits États incapables à eux tous de lui résister d'aucune manière, et leur fait signer un acte consistant essentiellement dans cette clause uniforme, en vertu de laquelle toutes leurs forces militaires sont organisées, armées, instruites et commandées par la Prusse.

Ceux qui n'ont pas le temps de suivre tous les détails des événements et de réfléchir sur des distinctions nécessaires, ceux qui, trompés par la ressemblance des mots, pourraient être portés à croire qu'il n'y a pas grande différence entre la confédération germanique, à côté de laquelle nous avons vécu en paix cinquante ans, et la confédération du Nord qui vient de se former, ceux-là feront bien de s'appliquer à comprendre la portée de ceci :

La Prusse a le commandement militaire exclusif de ce qu'on appelle la confédération du Nord. De plus, elle a seule le droit de la représenter à l'extérieur. Par conséquent elle stipule pour tous dans les questions de paix ou de guerre, elle les y engage à son gré. De plus, par un traité d'alliance offensive et défensive conclu avec les États du Sud, elle a des droits équivalents sur les forces militaires de la Bavière et de tous les États de l'Allemagne du Sud. Ainsi la Prusse est maîtresse de lancer à son heure dans une guerre à son gré, et sans les consulter, tous ses prétendus confédérés; et dans cette guerre elle les commandera exclusivement.

Ainsi, qu'on ne nous parle pas de l'unité allemande, laissez là une Allemagne de fantaisie qui n'existe pas.

Ce qui existe, c'est la Prusse conquérante, ne connaissant d'autre droit que la force et pratiquant à notre égard une politique que l'on appréciera tout à l'heure.

Que les Allemands s'arrangent avec la Prusse, et, quand ils portent sa chaîne, qu'ils se félicitent d'être devenus l'Allemagne, fort bien ! Ce sont de bonnes gens, habitués à se payer de chimères; qu'ils chantent et dansent celle-là en rond, encore une fois cela ne nous regarde point. L'Allemagne n'a pas chargé la France de jouer chez elle le rôle de juge. Et, à tout ce que nous voyons, nous ne sommes pas très-assurés que l'Allemagne ait une idée nette de la justice, comme nous l'entendons; elle a certainement au moins deux justices : une pour elle, une pour ses voisins. Nous devons seulement faire nos réserves sur les moyens employés par elle, afin qu'en aucun cas on ne puisse s'en prévaloir dans ce qui intéresse ou intéressera nous et nos alliés.

Mais il importe que tous les Français sachent de quelle justice elle veut faire usage avec nous, et comment elle entend limiter ce qu'elle appelle son unité; car nous sommes ses voisins.

VII.

Il s'est présenté une question qui a fait connaître ce qu'il importait de savoir en France sur la nouvelle agglomération allemande.

C'est la question du Luxembourg.

Lorsqu'en 1814 et en 1815, la coalition victorieuse résolut de désemparer la France, de telle manière qu'elle fût dans l'impossibilité d'attaqùer nulle part ni de se défendre contre les coalitions futures, Luxembourg fut une des villes que l'on tint surtout à lui ravir.

Cette forteresse, d'une importance extrême pour la défense de la France, nous avait déjà appartenu sous Louis XIV. Vauban avait ajouté à sa situation exceptionnelle des ouvrages admirables; et, depuis lors jusqu'à la révolution, elle avait été dans des mains amies de la France, les princes souverains de ce duché étant constamment au service dans nos armées.

A la suite de la révolution, Luxembourg nous appartint jusqu'en 1814.

Après la chute de l'empire, cet ancien duché fut attribué au royaume des Pays-Bas formé alors des provinces belges démembrées de la France et jointes à la Hollande.

Mais la forteresse de Luxembourg était trop importante pour être laissée en garde à ce royaume, ni attribuée à la Prusse qui déjà recevait alors des accroissements énormes et jugés excessifs par la coalition elle-même.

Il fut décidé que Luxembourg serait l'une des cinq forteresses fédérales appartenant à la confédération et servant de base à son système défensif [1].

Par suite d'arrangements remaniés plusieurs fois, il fut convenu que le roi des Pays-Bas et le roi de Prusse tiendraient ensemble garnison dans cette ville, et enfin on arrêta que la Prusse y entretiendrait seule des troupes au nom de la confédération.

A la suite de la révolution de Bruxelles qui, en 1831, coupa en deux le royaume des Pays-Bas, laissant d'un côté la Hollande, et formant de l'autre le royaume de Belgique, le Luxembourg appartint d'abord à ce dernier.

Cet état de choses dura jusqu'en 1839; mais après des incidents nombreux, le Luxembourg fut aussi coupé en deux. Toute la partie de l'ouest où l'on parle le dialecte *wallon*, qui n'est autre que le vieux français, resta à la Belgique. Toute la partie de l'est, avoisinant la Prusse, demeura à la Hollande. Après la déclaration de Francfort qui dissolvait la confédération, il n'y avait évidemment plus de forteresses fédérales, et les gens attentifs trouvèrent tout au moins singulier que la Prusse continuât à tenir garnison dans Luxembourg.

Dès le mois de juin 1866, et aussitôt après la déclaration de Francfort, le gouvernement particulier du

---

1. Mayence, Landau et Ulm furent d'abord avec Luxembourg les seules forteresses fédérales. Après 1830, Radstadt fut entouré de grands ouvrages et devint la cinquième forteresse fédérale.

grand-duché de Luxembourg transmettait au gouvernement prussien une note relativement à la position d'une garnison prussienne dans la capitale de ce petit État.

Le 4 novembre, le prince Henri des Pays-Bas, gouverneur du grand-duché pour le roi de Hollande, à l'ouverture de la session, déclarait que, par suite de la dissolution de la confédération germanique, la ville de Luxembourg ayant cessé d'être forteresse fédérale, la Prusse ne saurait faire valoir aucun droit à l'occuper.

Cependant, malgré les réclamations du roi grand-duc, elle continuait de l'occuper.

De plus, dans le courant de l'hiver, le bruit courut, chez les personnes que l'on peut croire les mieux informées, que l'indépendance de la Hollande était menacée par la Prusse.

A la vérité, les journaux officieux de Berlin démentirent cette rumeur. Mais si, en conscience, on n'a pas droit d'attendre que les journaux officiels ou officieux disent constamment la vérité, en conscience aussi, on serait bien niais d'accepter pieusement tous leurs démentis.

Il est certain que le gouvernement des Pays-Bas lui-même pensait comme les diplomates bien informés qui discutaient cette rumeur.

Et, dans son inquiétude, le cabinet hollandais s'était adressé au gouvernement français pour savoir quel secours il pourrait en espérer si le péril devenait imminent.

Le ministre des affaires étrangères de France jugea

avec raison que, sur un tel sujet, « nous ne saurions rester
indifférents. »

Il établit donc « un échange d'idées sur les moyens
les plus propres à conduire au but que l'on devrait se pro-
poser en commun, » c'est-à-dire « d'obtenir l'abandon
de toute prétention allemande sur le Limbourg, et l'évacuation de la forteresse de Luxembourg par la garnison
qui l'occupait. »

Il proposa « une combinaison qui, en modifiant profondément les situations réciproques, ferait tomber tout
le système d'argumentation sur lequel on serait peut-
être tenté de s'appuyer pour défendre l'état de choses. »

Il n'est pas probable, disait le ministre (28 février),
que le gouvernement prussien... « ait prémédité de con-
« server contre toute espèce de droit, en dehors de ses
« frontières et si près des nôtres, une garnison inutile au
« point de vue de sa défense naturelle, et dont le carac-
« tère éminemment offensif à notre égard ne pouvait
« manquer de fixer notre sollicitude la plus attentive. Si
« grande que l'on pût supposer notre longanimité et
« quel que pût être notre désir d'éviter tout dissentiment,
« il était évident que nous devions être obligés, tôt ou
« tard, de nous en expliquer sans réticence, et le moment
« semble venu, en effet, où notre silence, en se prolon-
« geant, deviendrait un argument contre nous. Je vais
« plus loin encore; et, à mon sens, il est permis d'ad-
« mettre qu'en acceptant avec bonne grâce le fait d'une
« cession du grand-duché à la France, le cabinet de Ber-
« lin croirait faire acte d'habile politique et aimerait à

« nous ménager une satisfaction morale et matérielle qui,
« en donnant aux relations des deux pays un degré plus
« marqué d'intimité, offrirait de nouveaux gages à la paix
« de l'Europe. »

Le cabinet de Paris proposait donc « l'hypothèse
d'une cession, soit comme moyen, soit comme but. » Il
faisait bien remarquer que son « but principal était avant
tout de voir le grand-duché affranchi de toutes les servi-
tudes fondées sur le système politique établi contre la
France à une autre époque. »

Il se réservait d'ouvrir, lui seul d'abord, une négocia-
tion « confidentielle et amicale » avec le gouvernement
prussien sur ce sujet délicat. Il insistait à plusieurs reprises sur ce point, et son insistance était motivée par
d'importantes circonstances antérieures.

M. de Bismark est trop habile pour méconnaître que
la Prusse doit s'attendre à voir, bon gré, mal gré, dimi-
nuer ou compenser tôt ou tard l'énorme accroissement
de puissance qu'elle vient d'acquérir. L'Europe entière
y est intéressée; elle vient au reste de le montrer.

Il paraît donc que la cession du grand-duché avait
déjà été agitée secrètement avec lui, et qu'il y donnait
volontiers les mains, dans l'espoir que cet arrangement
satisferait la modeste ambition de la France, et suffirait à
nous faire oublier qu'il nous restait bien autre chose à
réclamer encore sous peine de perdre absolument notre
rang parmi les nations et notre indépendance.

Mais si nous avons dans ce pays trop de gens toujours
prêts à se pâmer d'admiration en contemplant la gran-

deur de la France et qui, dans leur déplorable ignorance, embouchent la trompette en faveur des expéditions de Crimée, d'Italie, de Chine et de Cochinchine et même du Mexique, et fulmineraient contre la simple proposition de dépenser, pour reprendre au moins les indispensables frontières de Louis XV et de Louis XVI, le quart du sang et de l'argent que nous ont coûtés toutes ces guerres pour des questions qui ne nous touchent que très-indirectement ; M. de Bismark doit lutter contre une espèce contraire, moins dangereuse pour la dignité de leur nation, mais beaucoup plus gênante pour un ministre.

Cette espèce pouvait, sans trop d'inconvénients, apprendre un matin qu'au nom de la concorde générale et sur les réclamations de la Hollande, trouvées justes à la fin, Luxembourg avait été évacué. Mais l'évacuation ne pouvait être admise sur une réclamation de la France, car en Allemagne il n'est pas possible d'invoquer la justice lorsqu'il s'agit de la France.

Pour que M. de Bismark pût nous laisser acquérir le Luxembourg sans trop de risques pour sa popularité, les choses devaient passer par trois phases : 1° négociations extrêmement secrètes entre Paris et Berlin, où le consentement de la Prusse lui pourrait valoir au moins une quasi-renonciation de la France à d'autres réclamations ; 2° négociations officielles par suite desquelles la Hollande obtiendrait de la générosité prussienne l'évacuation de la forteresse ; enfin, 3° coup de théâtre, par lequel le monde apprendrait que la France venait d'atteindre le couronnement de sa grandeur, et de mettre le comble à sa gloire en acquérant le duché et la forteresse de Luxembourg.

Pour cela, il fallait que le roi grand-duc voulût bien se taire quelques jours et comprendre que, s'étant adressé à nous dans son inquiétude comme à ses protecteurs naturels, il nous devait strictement cette déférence qui, au point où en étaient les choses, ne pouvait avoir aucun inconvénient pour lui.

Mais Sa Majesté néerlandaise, croyant sans doute être très-fine, avertit tout d'un coup officiellement et sans mystère l'ambassadeur de Prusse à La Haye du projet de cession. Aussitôt le bruit de cette affaire se répandit par toute l'Europe.

VIII.

Comment, disaient les uns, est-il possible que le gouvernement risque de compromettre la paix pendant l'année même de l'Exposition, pour annexer deux cent mille habitants?

D'autres disaient : Pour annexer une petite forteresse !...

D'autres prétendaient qu'il ne s'agissait que d'un malentendu, d'une question de susceptibilité.

Il suffisait cependant aux plus ignorants d'ouvrir l'*Histoire du Luxembourg,* par Berthollet (1740), pour y lire ce qui suit :

« Luxembourg est la place de toute l'Europe la plus
« forte et la plus importante, puisque l'art et la nature
« en font un boulevard presque imprenable... »

Il ne s'agissait pas, en effet, d'annexer deux cent
mille habitants, braves gens du reste, intelligents, énergiques, tout pleins des idées françaises en ce qu'elles
ont de meilleur et ne considérant leur séparation de la
France que comme une situation temporaire; malgré
leur haute valeur à tous les points de vue, ce n'étaient
pas ces deux cent mille habitants qui formaient le principal intérêt de la question.

La *Gazette universelle de l'Allemagne du Nord* s'est
chargée d'instruire les Français de toute l'importance de
Luxembourg :

« Dans une guerre contre la France, les armées alle-
« mandes auront à opérer sur deux points principaux :
« 1° l'Alsace et la Lorraine; 2° la Belgique et le Rhin
« inférieur... En cas d'une attaque offensive contre
« l'ouest, sur le Rhin supérieur et moyen, il faudrait
« d'abord s'assurer de la ligne importante d'opérations,
« Mayence, Kaiserslautern, Metz, qui conduit dans la
« vallée de la Marne. Cette ligne traverse le réseau des
« nombreuses forteresses françaises dont la plus impor-
« tante est celle de Metz, place d'armes de premier rang,
« et cependant de peu d'importance si Luxembourg (qui
« n'en est éloigné que de sept milles) se trouve en notre
« pouvoir et la tient en échec.

« Le possesseur de Luxembourg est maître de la
« vallée inférieure de la Sarre, qui n'est fermée que par

« la faible place de Sarrelouis; mais cette vallée coupe à
« angle droit la ligne d'opération déjà mentionnée d'une
« armée pénétrant du Rhin moyen dans la Champagne.
« Si, au contraire, Luxembourg est forteresse française,
« elle est, surtout de concert avec Metz, un danger pour
« les lignes de communication de cette armée, et de plus
« elle force celle-ci à s'affaiblir considérablement par de
« forts corps de blocade qu'elle serait obligée de déta-
« cher.

« Un Luxembourg prussien équivaut donc pour nous
« à sûreté, un Luxembourg français signifie menace de
« nos lignes de communication sur le flanc droit. La
« possession de Luxembourg serait aussi un danger pour
« le flanc gauche d'une armée allemande s'avançant du
« Rhin inférieur en Belgique.

« Quatre lignes de chemins de fer dont le point de
« croisement est Luxembourg donnent de plus à cette
« forteresse une importance toute particulière, vu le
« grand rôle que jouent les voies ferrées dans les guerres
« actuelles ; ces lignes sont :

« 1° La ligne Nancy, Metz, Luxembourg ;

« 2° La ligne Luxembourg, Namur, Bruxelles ;

« 3° La ligne Luxembourg, Spa, Liége ;

« 4° La ligne Mayence, Sarrebruk, Sarrelouis, Trèves,
« Luxembourg.

« Les deux premières lignes courent parallèlement à
« la frontière française, touchent à plusieurs places
« fortes et sont en communication directe avec le point
« central, Paris, ainsi qu'avec le sud et le nord du pays.

« La marche stratégique des forces françaises serait très-
« favorisée par cette voie ferrée parallèle à la frontière,
« et le déplacement à volonté de ces forces du sud au
« nord, et *vice versa*, serait chose facile.

« La ligne Luxembourg, Spa, Liége court parallè-
« lement à la frontière prussienne sur le territoire belge-
« luxembourgeois, relie les vallées de la Moselle et de
« la Meuse par la plus courte voie et coupe la ligne
« Cologne, Liége, Bruxelles, près de Verviers.

« Luxembourg est le point de croisement de ces trois
« lignes, auxquelles on doit attribuer, au point de vue
« français, une grande importance. Quatrièmement, le
« réseau important qui relie les vallées du Rhin, de la
« Nahe, de la Sarre et de la Moselle débouche dans le
« Luxembourg, et comme c'est la seule ligne de commu-
« nication par voie ferrée du théâtre de la guerre en
« Lorraine et en Belgique, elle est d'une importance
« capitale pour les Allemands.

« L'importance considérable de cette place pour notre
« but s'accroîtrait encore beaucoup par l'achèvement de
« la ligne projetée Trèves-Cologne et Trèves-Coblentz,
« par laquelle Luxembourg serait mis en communication
« directe avec les places les plus fortes des bords du Rhin
« et leur servirait de poste avancé. »

Ainsi Luxembourg est une des villes les plus fortes
de l'Europe; elle est le point de croisement d'un grand
nombre de lignes de chemins de fer qui permettent de
nous accabler facilement; elle annule notre place de
Metz; elle ouvre la route de la Champagne et de Paris;

elle assure les opérations des Prussiens en Belgique; elle est le poste avancé le plus important de l'Allemagne sur nos flancs.

Après cette déclaration très-savante et parfaitement justifiée du journal allemand, personne ne peut s'étonner que le gouvernement de la France ait poursuivi l'évacuation de Luxembourg par les Prussiens, et qu'il se hâtât de préparer tous les moyens d'y parvenir, au besoin, par la guerre la plus juste qui fût jamais.

On va voir, en effet, quels sont les sentiments de l'Allemagne à notre égard; et l'on jugera si nous pouvons, sans abandonner le souci de notre indépendance, laisser les clefs de nos frontières à de pareils voisins.

Les négociations pour la cession du Luxembourg à la France étaient devenues l'un des sujets de la politique journalière de l'Europe.

Un membre prussien du Reichstag, c'est-à-dire du parlement de la confédération du Nord, interpelle M. de Bismark dans cette assemblée. Il demande, en termes violents, s'il est vrai que la Prusse a connaissance de telles négociations. Il proteste contre toute suggestion d'abandon de Luxembourg par les Prussiens. Il affirme que les Luxembourgeois sont Allemands, parlent allemand, veulent être Allemands. Il lit une lettre dans laquelle un Luxembourgeois élève ses mains suppliantes vers le Reichstag contre l'abandon de Luxembourg et contre l'avidité française.

Or, et d'abord, tout le monde sait aujourd'hui que, parmi les Luxembourgeois, les uns désiraient garder leur indépendance sous la souveraineté nominale du roi de Hollande, les autres préféraient la réunion de leur pays à la France; mais ils étaient presque unanimes à ne point vouloir être Allemands et à désirer l'évacuation.

Le député prussien s'écrie : « Avec Luxembourg, on « abandonnerait une position militaire importante, une « forteresse qui a été construite au moyen des indem- « nités pécuniaires qui furent imposées à la France dans « les guerres de 1814 et de 1815, en vue de la défense « de l'Allemagne contre cette même France... »

Dans notre pays, on est disposé à croire que tout Prussien est un puits de science. Eh bien ! voilà un député prussien, un chef de parti même, qui ignore donc que Luxembourg n'a pas été bâti en 1814 et en 1815, mais bien par Vauban, sous Louis XIV...

Mais non, il ne l'ignore pas.

Il tient seulement à rappeler nos défaites dans cette occasion solennelle où il s'agit de notre intérêt, de notre dignité, de notre indépendance. Il s'empresse de nous rappeler que vaincus, épuisés, désarmés, divisés, nous avons subi toutes les conditions que la haine du vainqueur a pu imaginer, et que notre argent a dû servir à entretenir et à armer contre nous nos propres forteresses.

Et si Luxembourg nous a été enlevé en 1815, ce n'est pas pour la défense de l'Allemagne à laquelle il n'est nullement nécessaire, mais bien parce que cette ville est une des clefs de la France, et pour que l'Allemagne pût à tout moment envahir la France.

M. de Benningsen dit encore :

« La dissolution de la confédération germanique con-
« stitue pour l'étranger une tentation assez forte de pro-
« fiter du moment où la reconstitution politique de
« l'Allemagne n'est pas encore achevée, où des luttes
« politiques intérieures se produisent en Allemagne, pour
« changer sa position politique vis-à-vis de l'étranger,
« au détriment de celle-ci. »

Traduction littérale :

*La France, par suite de ces événements, est tentée de
changer sa position politique qui est celle d'un vaincu
vis-à-vis de l'Allemagne... mais nous entendons qu'elle
reste dans cette position de vaincu...*

Ainsi, les Français doivent le bien savoir : on conserve en Allemagne la prétention de nous traiter en
vaincus.

Le lecteur pensera sans doute que M. de Benningsen
appartient à quelque faction rétrograde. Écoutez donc :
« L'interpellation relative à la question du Luxem-
« bourg, dit-il, a été présentée par le parti libéral au
« Reichstag afin de prouver que, dans les questions de
« politique extérieure où il s'agit de défendre le terri-
« toire allemand contre les convoitises injustes de
« l'étranger, il ne saurait exister de partis dans cette
« assemblée. »

Oui, M. de Benningsen appartient à ce que les Prussiens appellent le parti libéral. C'est le parti qui voulait
renverser M. de Bismark lorsqu'il préparait sa lutte
contre l'Autriche, et qui, depuis la victoire de M. de
Bismark, est plus intraitable que lui-même.

Que l'on ne se fasse point d'illusions ; leur parti libéral n'est pas plus équitable que le parti rétrograde envers la France ; et nos libéraux font un métier de dupes, qui doit bien prêter à rire aux Allemands, lorsqu'ils parlent de leurs cordialités en Allemagne.

Cette prétention d'empêcher la cession d'une petite province n'est-elle pas étrange, de la part des Prussiens auxquels nous avons laissé annexer violemment des royaumes, lorsqu'il s'agissait pour la France d'un duché appartenant au roi de Hollande, qu'il voulait nous céder et qui désirait nous appartenir, lorsqu'il s'agit d'une ville qui ne leur a jamais appartenu à aucune époque ?

Et que dire de cette prétention d'occuper Luxembourg par suite des droits de la confédération allemande qu'ils ont abattue en 1866 ?

Depuis quand peut-on hériter des gens que l'on tue, et serait-ce là un exemple de la justice allemande ?

Mais ceux qui parlent de justice à propos de la Prusse et des Allemands en général ne les connaissent point. Ils ne savent pas quelle est la profondeur de leur égoïsme.

Écoutez-les en 1848 jeter des cris de colère à l'Italie qui se débat dans ses chaînes. Et ne vous étonnez pas de les voir soutenir que le grand-duché de Luxembourg est indispensable à la défense de l'Allemagne ; car l'assemblée nationale de Francfort, en 1848, sur la proposition d'un député prussien, le colonel Radowitz, avait déclaré la ligne du Mincio et de l'Adige indispensable à la défense de l'Allemagne méridionale.

Écoutez récemment un député allemand (Sænger)

cherchant à la face du monde à nous faire croire que la Posnanie est un territoire allemand, et même que le partage de la Pologne fut juste. Et ne croyez pas que ces sentiments soient particuliers aux Prussiens de l'ancienne Prusse, ce sont ceux de presque tous les Allemands. Les Prussiens ne sont pas aimés en Allemagne, ils y soulèvent une vive irritation ; mais quand il s'agit de la France, tout cœur allemand bondit avec eux dans un concert de haine.

Les journaux officieux de Berlin n'ont-ils pas dû gourmander naguère les journaux et les *meetings* du Sud, qui parlaient d'envahir la France si vite que Berlin semblait accusé par eux de mollesse dans sa haine contre l'*ennemi héréditaire?*

L'Allemand a le cerveau vaste, sa pensée est étendue, mais elle est lente. Ils se croient encore au commencement de ce siècle. Il semble que nous les opprimons. Leipsig est resté pour eux une ballade immense qu'ils chantent encore comme aux jours de 1813. Ils croient bonnement qu'il ne leur reste qu'à marcher sur Paris, et ils le demandent avec une fureur naïve. Ils ne sont ainsi en retard que d'une soixantaine d'années.

Nous avons cité les principaux passages du discours de M. de Benningsen, parce qu'en effet il représente très-exactement les sentiments de l'Allemagne.

Proclamer son droit d'unité dans la nationalité ne semble pas chose plus naturelle à un Allemand que de s'emparer de la Pologne qui l'arrondit, du Schleswig danois qui l'élargit, aussi bien que de déclarer le Mincio italien et tout le quadrilatère lombard non moins indispensable à sa sûreté que la forteresse de Luxembourg.

Mais comme ils démontrent que Metz compléterait admirablement Luxembourg, pourquoi ne demandent-ils pas Metz?

Et même ne paraît-il pas qu'à ce point de vue d'une protection complète de l'Allemagne la possession du fort Montmartre devrait leur paraître très-nécessaire?

En effet, Metz est avec Strasbourg l'objet immédiat de leur ambition. C'est une chose très-connue que, depuis un an, beaucoup d'officiers prussiens ont parcouru dans tous les sens la Lorraine et l'Alsace, afin d'y recueillir tous les renseignements topographiques utiles pour une campagne prochaine.

A la cour de Berlin, il y a trois mois, les officiers annonçaient à des visiteurs du plus haut rang qu'ils seraient à Paris dans quinze jours ; et je ne doute pas que beaucoup d'entre eux ne se proposassent, après qu'ils auraient pris Paris, d'occuper nos forts pendant de longues années afin de mieux assurer le repos de la patrie allemande.

La guerre était près d'éclater.

Le gouvernement ayant réduit ses prétentions au *bu principal* dont parlait le ministre français, c'est-à-dire à la simple évacuation de Luxembourg par les Prussiens, l'Angleterre, la Russie et l'Autriche ayant énergiquement représenté à Berlin que la Prusse était sans droit à Luxembourg, le dénoûment de cette question ne s'est pas fait attendre. La conférence de Londres a consacré la nécessité de l'évacuation, le duché a été neutralisé, ainsi que la forteresse qui sera démantelée, et Paris n'a pas été pris.

On croira peut-être que ce manque de bonne foi et cette rare injustice ne se rencontrent que parmi les hommes excessifs, qui sont l'embarras de toutes les causes politiques.

Nullement.

Voici un professeur allemand, naturalisé Français, auquel un de nos journaux les plus importants a ouvert ses colonnes. Il dit : « L'Allemagne ne pouvait assez « prendre sur elle pour oublier 1806, la France ne se « résignait pas à oublier les rancunes que lui avait « laissées 1815. Il n'en aurait pu être autrement. Tant « que subsistaient les traités de 1815, la France ne pou- « vait être satisfaite ; tant que l'Allemagne n'avait pas « de patrie constituée qui la mît à l'abri d'invasions « analogues à celles du commencement de ce siècle, son « patriotisme ne pouvait se traduire que par la négation, » c'est-à-dire par l'hostilité contre le pays dont la poli- » tique constante depuis deux siècles avait été d'empê- « cher la constitution de la patrie allemande. Aujour- « d'hui les traités de 1815 n'existent plus, et la France « n'a plus de motifs pour se croire victime ; l'Allemagne, « de son côté, a recouvré son unité et sa sécurité sans « qu'elle ait été troublée dans sa reconstitution par l'in- « tervention tant redoutée de la France. »

Ainsi voilà un Allemand bien calme, qui est profes- seur, non pas d'histoire assurément, et qui nous conte

que depuis deux siècles la France a empêché la constitution de la patrie allemande. Comme si en Allemagne,
avant ce siècle, personne jamais s'était soucié de l'unité
allemande !

L'Allemagne, nous l'avons déjà rappelé, ne pensait
pas à l'unité. C'est la France, c'est la révolution française
qui l'ont fait penser à l'unité. C'est pourquoi la France
n'a jamais pu empêcher la constitution de la patrie allemande.

Mais la France, depuis plusieurs siècles, a combattu
constamment la maison d'Autriche, parce que depuis
plusieurs siècles la maison d'Autriche a constamment
cherché malheur à la France ; parce qu'elle avait un pied
largement établi dans les Gaules, puisqu'elle possédait
la Belgique. Et il n'a pas tenu à elle que la France fût
morcelée tout entière, comme l'Italie.

Nos gouvernements, dans ces guerres, ont cherché
contre elle, en Allemagne et sur le Rhin, des auxiliaires
que l'on payait d'habitude assez bien pour que souvent
ils vinssent s'offrir d'eux-mêmes ; et, certes, sans cette
politique de la France, la Prusse ne fût jamais devenue
ce qu'elle est aujourd'hui. Il est probable qu'entre les
Pays-Bas et ses possessions en Allemagne, l'Autriche eût
établi depuis longtemps un large trait d'union qui eût
opposé à l'ambition prussienne une barrière, longtemps
ou pour toujours infranchissable.

Car enfin, il ne faut pas se jouer des mots, l'Allemagne voulait l'unité de l'Allemagne et non point l'annexion à la Prusse.

Mais que vient donc nous dire ce professeur quand il nous parle de la satisfaction que nous devons éprouver, puisque, dit-il, les traités de 1815 n'existent plus ?

Est-ce donc que la France démembrée, démantelée par les traités de 1815 au profit de la Prusse et de la Bavière, n'est animée que d'une puérile colère contre l'instrument diplomatique qui a consacré ces rudes conséquences de la défaite, et que, ce morceau de papier étant déchiré, elle doit se trouver très-heureuse ?

Très-heureuse surtout de ce que la Prusse qui, par suite des traités de 1815, détient plusieurs de ses forteresses et une partie des Gaules, a détruit ces traités en ce qu'ils avaient de gênant pour elle-même, et vient de soumettre à son commandement militaire la Bavière qui détient plusieurs autres de nos anciennes forteresses?

Il faut le rappeler, car on semble vouloir l'oublier, Louis XIV et Vauban consacrèrent de longues années, de grandes sommes et de grands efforts, pour entourer d'une puissante ceinture de places fortes la frontière ouverte du nord et de l'est.

Ces places fortes ont montré plusieurs fois toute leur efficacité pour la défense de notre pays. Ce sont elles qui ont permis à Dumourier de défendre la France avec une petite armée dans l'Argonne, contre des forces triples des siennes. Ce sont elles qui ont été la base de la grande combinaison militaire au moyen de laquelle Carnot délivra la France.

En 1815, voulant s'assurer les moyens d'entrer chez nous à main armée toutes les fois qu'il lui plairait,

l'étranger nous enleva au nord, parmi les anciennes forteresses de Vauban, Philippeville et Marienbourg remises
au royaume des Pays-Bas. Dans l'est, on nous ôta Sarrelouis remise à la Prusse, et enfin Landau remise à la
Bavière. De plus, nous avons été contraints de démolir
les fortifications d'Huningue, qui nous protégeaient contre
l'ouverture que le pont de Bâle donnait à l'Allemagne
chez nous.

Ainsi les défenses de Vauban ont reçu quatre brèches,
l'une au nord et les trois autres à l'est.

Mais du moins ces traités désastreux avaient établi
trois puissances principales en Allemagne : la Prusse,
l'Autriche et la confédération. Par suite de cette constitution, nous étions assurés qu'il ne dépendrait pas du
caprice, de l'avidité ou de la haine d'une seule puissance, pour que l'Allemagne fît usage de ces ouvertures
pratiquées en 1815 dans les défenses de notre pays.

Tandis que, depuis la dissolution de la confédération,
la Prusse dispose seule des forces de l'Allemagne.

Elle ne possédait, après 1815, que l'ouverture de la
Sarre ; elle y réunit aujourd'hui la possession de Landau, puisqu'elle dispose des forces militaires de la Bavière.

Avant 1866, dans une guerre avec elle, nous n'avions
pas à craindre qu'elle nous attaquât à la fois par la Sarre
et par la Belgique ; car ses forces étaient insuffisantes
pour de si grandes opérations. Aujourd'hui, elle peut
aisément lancer en même temps deux cent mille hommes
en Bavière et en Alsace, et trois cent mille hommes en

Belgique. De plus, lorsque toutes les forces de l'Allemagne seront organisées par elle et pour elle, c'est-à-dire demain, elle pourra lancer encore deux cent mille hommes sur le pont de Bâle et la trouée d'Huningue. Car la Prusse ne respectera pas plus la neutralité de la Suisse que celle de la Belgique.

Voilà ce que nous avons gagné à cette fin des traités de 1815.

Je demande à tout homme sensé, quel que soit sa nation, son parti, pourvu qu'il ne soit pas Allemand, si la France peut accepter cette situation; et je demande à ces Allemands qui nous apprennent que l'abolition des traités de 1815 doit combler nos désirs, s'ils veulent se moquer de nous.

Oui, les traités de 1815 ont été déchirés morceau par morceau; la Russie en a déchiré les articles qui garantissaient l'indépendance et la nationalité du royaume de Pologne; l'Autriche a déchiré l'article qui garantissait la république de Cracovie; la Belgique a déchiré les articles qui garantissaient le royaume des Pays-Bas; tous les articles concernant la Péninsule ont été déchirés au profit du royaume d'Italie; la Prusse a brûlé le reste aux champs de Sadowa; et, pendant que sur le continent d'Europe chacun assouvissait son appétit, l'Angleterre étendait sur l'Inde et sur les Océans une domination qui a comblé son ambition et ses coffres.

Enfin, en 1866, les traités de 1815 ont cessé d'exister, c'est-à-dire que les limites qu'ils traçaient contre la Prusse ont été détruites et franchies par la Prusse; mais l'offense qu'ils nous ont faite, la diminution territoriale qu'ils nous ont infligée, les brèches qu'ils ont faites dans nos anciennes défenses, telles que Louis XIV les avait laissées, existent toujours. Et, chose violente autant qu'étrange, la destruction définitive des traités de 1815, par les mains de la Prusse, a rendu notre situation cent fois plus périlleuse qu'elle ne l'était sous le régime des traités de 1815. Car Luxembourg ne lui appartint jamais, elle en avait seulement la garde au nom du pouvoir modérateur de la Diète ; et, après avoir aboli ce pouvoir modérateur, elle voulait garder et elle a pu garder dix mois Luxembourg ; Landau, par les traités de 1815, ne lui était pas donné en garde, et elle va pouvoir l'armer contre nous comme Sarrelouis ; et ce n'est plus seulement la petite Prusse de 1815 qui arme ces forteresses françaises contre la France, c'est une immense confédération militaire commandée exclusivement par notre ennemie.

Ainsi, bien réellement, à Sadowa, la Prusse a gagné une grande bataille contre nous, car elle y a gagné des forteresses contre nous.

Et ce n'est pas parce que la Prusse a la prétention de faire une patrie allemande dont se contentent ou ne se contentent pas les nations qu'elle a conquises, c'est parce qu'elle a gagné ces forteresses que Sadowa est et restera pour nous une immense défaite, si nous sommes assez insensés pour accepter toutes ses conséquences.

D'ailleurs, l'Allemagne est aujourd'hui un vaste champ de conscription pour la Prusse, une vaste caserne où elle prépare des soldats. Or, quel est aujourd'hui son but public? Créer pour elle une large ouverture sur la mer. De quel côté? Aux bouches du Rhin, en Hollande.

Donc, si nous la laissons faire, maîtresse déjà d'une partie des Gaules, préparée à une influence hostile pour nous en Belgique par le mariage du comte de Flandre avec une princesse prussienne, maîtresse bientôt des Pays-Bas, elle pèsera sur nous d'un poids énorme, insupportable. Malheur à la France, si la France n'arrête pas cette ambition oppressive et démesurée!

IX.

Les questions qui se rattachent aux événements d'Allemagne sont considérées ici tout autrement que dans les discours de la plupart des libéraux et des démocrates français.

Adresses sentimentales assez mal reçues, ligues de la paix qui n'ont pas prospéré en Allemagne, reproches amers à tous ceux qui croient nécessaire de refouler ce débordement prussien sous peine de perdre notre indépendance nationale, toutes ces manifestations sont nées de sentiments très-estimables.

Pour les libéraux, le mobile principal est un juste amour des libertés publiques; ils craignent qu'une politique qui ne serait pas celle de la paix à tout prix dont ils se déclarent partisans, ne conduise à la guerre, et ne prolonge un état de choses intérieur condamné

même par le gouvernement. Chez beaucoup de démocrates, c'est surtout la crainte de voir suspendre ou
détourner les graves et énergiques efforts tentés pour
parvenir à une solution rationnelle et pacifique des questions de travail.

Chez tous, c'est la juste horreur des abominations de
la guerre.

Selon eux, délivrer notre frontière importe peu, il
suffit de dégrever la presse. Et ils pensent que le droit de
réunion, dans une salle couverte, serait pour la France
une compensation suffisante du droit que la Prusse a conquis de commander contre nous toutes les forces de l'Allemagne.

Certes, s'il existe un moyen pacifique de nous garantir
d'une guerre prochaine ou tardive avec la Prusse, tout
en lui reprenant les clefs de nos frontières, nous ne de-
mandons pas mieux que d'y souscrire, car nous détestons
la guerre.

Mais il ne nous paraît pas qu'avec une puissance qui,
loin d'être disposée à rendre ce qui nous appartient, ce
qu'elle ne possède qu'en vertu des traités de 1815 définitivement détruits, convoite ostensiblement la Hollande,
la Lorraine et l'Alsace, il ne paraît pas probable que des
adresses et des banquets avec les Allemands de Berlin
soient de bons moyens d'éviter la guerre.

Quant aux questions de travail, c'est mal juger leur
grandeur et leur marche que d'attribuer à des événements
quelconques le pouvoir d'en amoindrir l'importance.

Quant à la liberté, il est facile de sentir que, si le pays

la veut, inévitable avec la paix, la guerre la rend nécessaire. Car, nous l'avons dit ailleurs [1], le gouvernement,
sous peine de s'exposer à un nouveau Leipsig et à un
nouveau 1815, ne saurait combattre la Prusse simplement
avec une armée, réorganisée ou non ; il lui faut le con-
cours de la nation par l'organisation des milices volontaires.

C'est bien méconnaître les leçons de l'histoire, et
perdre de vue l'importance relative des besoins d'une
nation, que de comparer les questions de politique inté-
rieure à celles qui intéressent l'existence même et l'indépendance nationale.

Voyez en effet.

Depuis 1815, nous avons vaincu partout où nous
avons combattu, même dans cette affreuse expédition du
Mexique ; et cependant la défaite de Waterloo pèse toujours sur nous. Les traités de 1815 sont détruits partout
pour tout le monde, mais non pour nous. C'est à cause
d'eux, à cause de la perte de nos forteresses frontières
que nous sommes contraints de remanier notre état militaire.

Tandis que, depuis 1815, trois révolutions et dix
changements de politique se sont opérés chez nous en un
clin d'œil.

Ce rapprochement montre qu'il est beaucoup plus
facile à un peuple de changer sa situation politique inté-
rieure que sa situation politique extérieure. Le célèbre

---

1. *De la nécessité d'organiser les volontaires*, 26 avril 1867.

grain de sable, un changement d'opinion publique, un vote aux élections générales, un jour de lutte au forum, suffisent à conquérir, en fait de libertés, tout, et plus que l'on n'en peut garder, hélas!

Tandis qu'à l'extérieur cinquante ans d'efforts ne suffisent pas toujours à réparer les malheurs d'un seul jour; tandis que la possession de nos villes frontières par l'étranger fait peser sur nous un danger permanent d'oppression séculaire, et contre lequel nous sommes contraints d'armer à la hâte des centaines de mille hommes, car devant chacune de ces villes il nous faut placer une armée.

A quoi servira-t-il de proclamer, pour la dixième fois depuis quatre-vingts ans, nos libertés individuelles, si nous n'assurons pas notre liberté collective contre l'étranger?

Ignorez-vous qu'en 1848 le congrès national de Francfort, qui devait son existence à notre révolution, avait déjà réclamé la Lorraine et l'Alsace? N'oubliez pas qu'à cette époque, le parti libéral allemand traitait de révoltés indignes les Italiens combattant contre l'Autriche.

Noubliez jamais que ce même parti vient de s'opposer violemment à ce qu'une clef de la France nous soit rendue; et si, par un de ces coups de théâtre fréquents dans notre histoire moderne, ces aspirations de liberté obtenaient une ample et subite satisfaction, n'en doutez pas, c'est la Prusse qui s'élancerait aussitôt contre nous.

Je sais bien qu'alors vous vous lèveriez comme un seul homme. Les peuples ne se lèvent pas autrement dans les discours de banquet et dans les articles de journaux:

soit. Donc la Prusse s'avance avec ses deux millions de
soldats, vous vous levez comme un seul homme, et vous
voilà vainqueurs.

Eh bien ! cela vous procurerait des généraux victorieux, des sauveurs ; or, vous savez ce que les généraux
victorieux et les sauveurs deviennent dans une démo-
cratie.

Ainsi, loin de fraterniser follement avec un peuple qui
en tient deux autres aux fers, et qui en réunissant à sa
monarchie d'autres nations allemandes n'invoque que le
droit de conquête, tout démocrate, tout libéral doit voir en
ce peuple l'ennemi le plus audacieux, du droit moderne
le péril le plus grave qui ait jamais menacé la France.

L'heure présente est favorable ; nous ne savons ce
que sera l'heure prochaine : hâtons-nous donc d'exiger
nos frontières.

Faut-il vous rappeler toute l'histoire de ces derniers
temps ? la Prusse protestante et piétiste, ayant pris au
catholicisme son droit divin sans perdre ce ton rogue particulier aux sectaires et sans négliger les avantages d'une
absence philosophique de tout scrupule quelconque ?

Faut-il vous rappeler encore que le seul droit invoqué
par elle, quand c'est pour elle, est le droit de conquête ;
mais que, contre vous, elle invoque tout, et même les
traités de 1815 ?

Faut-il vous rappeler que le Schleswig danois, la
Pologne, le Luxembourg, l'alliance russe, l'alliance italienne, les provinces danubiennes pour un de ses princes,
l'argent des banquiers israélites pour ses généraux, la

Hollande pour ses vaisseaux, la suzeraineté en Belgique, la protection du pape contre l'Italie, s'il en voulait, même la Lorraine et l'Alsace, si elle pouvait, et enfin l'insurrection contre le pape, tout lui est bon ?

Attendrez-vous que les conséquences de cette politique qui n'est pas nouvelle à Berlin se soient développées de telle manière que la défaite, le morcellement et l'oppression de la France soient inévitables?

Je vous dirais en vain que parmi vous j'en vois plusieurs qui, sous Louis-Philippe, protestaient contre la paix à tout prix, et que jamais, non certes, sous ce gouvernement que nous avons tant condamné, la France ne s'est vue menacée comme aujourd'hui par un ennemi si voisin, si dangereux.

Vous êtes mes anciens, j'avais appris à parler comme vous. Mais aujourd'hui je ne comprends plus votre langage.

Vous parliez d'indépendance nationale alors, et c'était à coups de canon que vous demandiez que l'on écartât la main de l'étranger toujours étendue sur nos intérêts et nos affaires; et aujourd'hui que deux millions d'épées se dirigent vers nous, et que l'étranger nous empêche de conclure une affaire plus importante qu'aucune de celles qui vous ont inspiré tant de discours sous le gouvernement de Juillet, pourquoi ne tenez-vous plus le même langage?

Je n'espère pas vous convaincre, mais je continuerai à penser aujourd'hui comme alors. Et dans mon isolement, au milieu de ce bruit qui m'étonne, j'ai la consolation de sentir que la France, dans ses couches agricoles et profondes d'où sortent les armées, ne pense point comme les journaux et les ligueurs de la paix. Elle n'aime pas le projet de réorganisation militaire dont elle ne comprend pas l'utilité, mais, dans une guerre avec la Prusse, j'ose croire qu'elle ne donnera pas moins de combattants que l'Allemagne.

X.

Nous montrerons maintenant que l'autonomie germanique ne peut être admise de ce côté du Rhin.

Lorsqu'on examine la carte de l'Europe, il est d'abord de toute évidence que le vaste territoire compris entre la Méditerranée, les Pyrénées, l'Océan, les Alpes et le Rhin forme un ensemble tellement distinct, tellement compacte, qu'il est difficile de comprendre qu'une partie quelconque puisse en être séparée politiquement ou administrativement.

Du temps de César, ce territoire formait en son entier LES GAULES.

Le général romain y reconnaît trois divisions : la Gaule Narbonnaise ou du Sud, la Gaule Celtique qui se termine à la Seine, et, enfin, la Gaule Belgique qui était limitée au sud par la Seine, la Marne, la Meuse, et à l'ouest, au nord et à l'est par l'Océan et le Rhin.

Ainsi, dans tout son parcours au sortir de l'Helvétie, le Rhin limitait, par sa rive gauche, le territoire gaulois, et, par sa rive droite, le territoire germain.

Il fallut dix années de génie et d'activité merveil-
leuse, de politique tour à tour clémente et atroce ; il
fallut dix années à César, aidé de toutes les ressources
de Rome, au fort de sa puissance, pour conquérir les
Gaules.

Après lui, les aptitudes particulières des habitants
pour la civilisation romaine, et la prédilection des Romains
pour le séjour de ce pays, produisirent un résultat peut-
être unique dans l'histoire.

Pendant les cinq siècles de la domination romaine,
la Gaule fut transformée ; sans perdre leurs principaux
traits physionomiques, les Gaulois se mélangèrent entre
eux et avec les Romains, de telle manière qu'au v⁰ siècle
ils formaient une vaste nation, très-éclairée, presque
toute parlant ou entendant le latin, possédant de grandes
routes qui traversaient le territoire dans diverses direc-
tions, et un grand nombre de villes décorées par tous les
arts de l'antiquité.

Sur le Rhin, principalement, les Romains avaient bâti
des villes.

En effet, dès le temps de César et même auparavant,
les peuplades barbares qui habitaient l'autre rive traversaient le fleuve et venaient piller les terres gauloises,
après quoi ils s'enfuyaient. Déjà, paraît-il, sur quelques
points, ils étaient parvenus à se substituer aux habitants
gaulois, et ils avaient formé des bourgades qui leur ser-
vaient de postes avancés et d'intelligences sur la rive
gauche du fleuve.

Pour mettre ordre à ce brigandage, les Romains bâtirent des villes fortifiées sur toute l'étendue de cette rive. Les principales étaient *Argentoratum* (Strasbourg), *Moguntiacum* (Mayence), *Confluentia* (Coblentz), *Colonia Agrippina* (Cologne).

Pendant longtemps ces villes très-nombreuses, reliées par des postes fortifiés, empêchèrent absolument que les Germains s'établissent nulle part dans la Gaule, mais elles n'empêchèrent pas toujours leurs incursions. Les Gallo-Romains réduisaient en esclavage ceux qu'ils prenaient dans leur poursuite et ils les employaient à divers travaux. Dans ces luttes, les barbares de la rive droite du bas Rhin apprenaient la guerre et s'essayaient à la politique. Leurs tribus les plus vaillantes avaient formé une ligue dite des *Franks,* et plus tard les tribus du haut Rhin avaient formé, sous le nom d'*Allmans* une autre ligue analogue.

Pendant le IIIe siècle, les Romains imposèrent des traités à certaines peuplades franques, pour qu'elles leur payassent des tributs en nature et leur fournissent des soldats au moyen desquels ils combattaient les autres peuplades germaines.

Dans les derniers siècles de la domination romaine, les incursions des Germains devinrent plus fréquentes, leurs séjours plus prolongés. Des tribus franques avaient même obtenu des terres dans le nord des Gaules sous l'obligation du service militaire. Vers 353 les Franks et les Allmans avaient pris, saccagé, brûlé toutes les·villes du Rhin. Julien détruisit les envahisseurs Allmans qui étaient très-inférieurs aux Franks et beaucoup plus barbares. Il vainquit ensuite ces derniers, et, passant le Rhin, il fit parmi eux tous un grand nombre de captifs qu'il força de rebâtir les villes et les forteresses. D'ailleurs, des milliers de ces captifs avaient été disséminés dans toute la province du Rhin. On en avait fait des pâtres et des laboureurs. De sorte que, par suite même de ces luttes, la langue germanique s'était répandue dans cette contrée, et la population s'y était beaucoup mélangée.

Au commencement du ve siècle, les Franks étaient établis en grand nombre sur la rive gauloise. Leur immigration durait ainsi depuis deux siècles, sans que les villes, la souveraineté, cessassent d'appartenir aux Gallo-Romains ; et lorsqu'en 407 vint le grand déluge des barbares, les Franks défendirent vaillamment la Gaule. Ils furent d'abord écrasés, mais, pour le courage et la résolution, ils étaient extrêmement supérieurs aux autres barbares ; leurs longues luttes et leurs alliances avec les Romains avaient développé leur intelligence ; et si, contre les multitudes des Burgondes et des Alains, des Visigoths et des Sarmates, des Markomans et des Quades, ils ne purent défendre le sol gaulois, aidés des Gallo-Romains, ils les exterminèrent ensuite ou les réduisirent à un rôle subalterne.

De ces éléments divers résulta sur notre sol un long et profond travail de décomposition du monde antique. L'incohérence, l'instabilité des choses furent extrêmes, et les luttes armées continuelles.

Le génie de Charlemagne suspendit la décomposition, son autorité comprima les luttes; mais rien n'était mûr pour la constitution de l'unité moderne, et, après la mort de ce grand homme, la guerre, la désolation universelle s'abîmèrent sur la Gaule. Ses successeurs, incapables de comprendre et de suivre ses plans, partagèrent son empire, et recommencèrent les partages après chaque règne, comme avaient fait avant eux les successeurs de Clovis.

Leurs idées étaient si différentes des nôtres qu'il est souvent difficile de s'expliquer les motifs qui les dirigèrent dans ces opérations. Ils n'aimaient point les villes et se plaisaient à vivre dans de grandes fermes, au milieu des champs. La plupart d'entre eux paraissent avoir été peu capables de se diriger par de véritables idées politiques. Ils étaient simplement avides et se partageaient le territoire, non comme un titre royal, mais comme les biens d'un riche paysan qui laisse un grand nombre de propriétés diverses, parmi lesquelles chaque héritier réclame un assortiment de prés, de bois, de champs et de vignes, et où, pour simplifier, on forme des lots réunissant une certaine proportion de chaque chose sans oublier les vieilles hardes, et que l'on tire au sort.

C'est ainsi qu'en 843, par le traité de Verdun, entre les petits-fils de Charlemagne, Louis le Germanique eut l'Allemagne jusqu'aux Alpes et au Rhin. Lothaire reçut, avec le titre d'empereur, l'Italie jusqu'au duché de Bénévent exclusivement, et toute la bande de terre limitée du côté de l'ouest, en partant de la Méditerranée, par le Rhône, les Cévennes, la Saône, les Ardennes, l'Escaut, jusqu'à la mer; et du côté de l'est par les Alpes orientales et le Rhin, à l'exception toutefois de Worms, Spire et Mayence avec leurs territoires, que le roi de Germanie avait demandés *pour avoir dans son lot quelques vignobles.*

Charles le Chauve eut tout ce qui était à l'ouest de cette bande de terre, c'est-à-dire la plus grande partie de la Gaule, qui commença bientôt à porter le nom de *France.*

Quant aux parties de la Gaule qui avaient été attribuées à Lothaire, elles devinrent ensuite pour chaque siècle le sujet de guerres fréquentes. La monarchie française chercha incessamment à se les rattacher lambeau par lambeau, sans y parvenir entièrement. Mais, à la fin du siècle dernier, la république attaquée et victorieuse toucha enfin, après mille ans, ces frontières naturelles que l'empire devait bientôt lui faire perdre.

On sait cependant que ces frontières avaient été reconnues solennellement par les traités, et que, même après la défaite de Leipsig, elles avaient été offertes pour limites à la France.

Ainsi, sans aucun doute, ce territoire dans toute son étendue est gaulois, la nature et l'histoire le prouvent.

Et quant à ces villes fortifiées, Mayence, Coblentz, etc., où sont-elles?

Sont-elles en Germanie?...

Non. Elles sont dans la Gaule.

Ont-elles été bâties par des mains germaines?

Non. Elles ont été bâties par des mains gauloises et des mains latines.

Ont-elles été bâties pour défendre la Germanie contre la Gaule?

Non. Elles ont été bâties pour défendre la Gaule contre les Germains.

Ceux qui les possèdent aujourd'hui ne les ont point reprises sur nous par les armes, ils les détiennent en vertu des traités de 1815 qu'eux-mêmes ont abolis.

Or, nous sommes les héritiers des Gallo-Romains, et ces villes font partie de notre héritage.

Quant aux habitants de ces pays, qui sont-ils?

Ce sont des descendants mêlés des Gaulois, des anciens envahisseurs germains et des Romains, comme l'attestent les noms latins que l'on y rencontre si souvent.

Soumis longtemps au joug de l'Allemagne ils en ont pris la langue, mais non point complétement les usages. Jamais ils n'ont été allemands à la manière des Allemands de la Germanie. Bruns de cheveux en très-grand nombre, leur vivacité ne contraste pas moins que leur chevelure avec la physionomie nationale du pur Germain. Catholiques, pendant que leurs voisins de l'autre rive sont presque partout protestants, ils s'enrôlaient en grand nombre au service militaire de notre ancienne monarchie, et leurs petits princes recherchaient l'alliance, la protection et les hauts grades de la France.

Lors de leur réunion à la France, ils ont aussitôt pris tout ce qu'ils pouvaient prendre des choses françaises. Administration, législation civile et pénale, toute notre organisation faite par nous et pour nous leur a été si

naturelle, qu'ils l'ont conservée jusqu'aujourd'hui, sans que la Prusse osât y changer presque rien.

Après 1814, ces contrées ont été données à la Prusse qui ne les avait jamais possédées auparavant. C'est l'Angleterre, c'est lord Castlereagh qui a tenu à les lui donner, pour rendre impossible l'alliance de la Prusse et de la France qui, sans ce champ de discordes placé entre elles et imposé à la Prusse, aurait pu, tôt ou tard, changer la face du monde.

Non-seulement la Prusse n'en voulait pas, mais elle continua longtemps à voir ces contrées d'assez mauvais œil. Longtemps, en effet, après 1815, la langue française, les idées françaises, les vieux officiers de nos armées décorés et pensionnés par la France, demeurèrent comme des causes permanentes de méfiance et de désaccord entre ces provinces et la Prusse.

Un homme politique de ce pays, très-ennemi du nôtre, mais très-éclairé, nous disait que jusqu'à la révolution de 1848 le cabinet de Berlin traitait ces provinces comme s'il se fût attendu toujours à une dépossession prochaine. Cependant, après 1848, il lui parut que la France avait abandonné toute pensée de retour dans ces pays, et que les idées françaises pouvaient y être combattues avec avantage. Depuis 1815, l'enseignement de notre langue avait été interdit dans les écoles primaires, les vieux officiers disparaissaient rapidement avec toute la génération qui avait aimé notre drapeau et qui se plaisait à se dire française. C'est alors que la Prusse suivit une autre ligne de conduite dans ces contrées.

Mais il ne faut pas croire que les habitants lui soient très-attachés, loin de là. L'auteur de cet écrit en a entendu beaucoup dire : « Nous sommes Allemands, mais non Prussiens. » Les laboureurs, les ouvriers ne parlaient guère des Prussiens qu'avec des épithètes malsonnantes, et plusieurs disaient : « Nous espérons bien que la France reviendra. »

C'était de 1855 à 1863 : les personnes d'éducation distinguée manifestaient contre la France une répulsion mêlée de regrets et motivée d'une manière uniforme. On disait : « Si les institutions de votre pays étaient plus libérales, nous préférerions beaucoup être Français, car nous n'aimons pas les Prussiens, nous n'aimons pas le régime militaire de la Prusse, nous lui préférerions même l'Autriche. »

Ils ont peut-être changé de sentiments dans les premières années du pouvoir de M. de Bismark, car nous ne voyons pas ce qu'ils auraient eu à perdre alors en se séparant de la Prusse ; ils ont pu changer encore depuis que la Prusse est devenue très-puissante, car pour beaucoup d'hommes, malheureusement, puissance passe liberté.

Mais quoi qu'il en soit, ces provinces sont gauloises, ces villes sont gallo-romaines, ces populations descendent des Gallo-Romains ou des Franks, qui ont donné son nom moderne à la Gaule. C'est pourquoi nous pourrions les réclamer également tous.

Et si l'on soutient qu'ils sont Allemands et qu'ils ne veulent pas être autre chose, nous sommes parfaitement en droit de leur dire : Soyez salués à nos frontières comme vous l'êtes au nombre de quarante à cinquante mille dans notre capitale, où vous venez apprendre vos métiers ; mais que votre présence en infime minorité dans nos Gaules puisse, comme au temps de la décadence romaine, menacer l'indépendance et la liberté des Gaules, voilà ce qui est absolument contraire au bon sens et à la justice.

La Prusse parle à chaque instant des droits de sa dignité et de son indépendance ; nous présumons qu'elle ne prétend pas garder pour elle seule ces grandes choses.

Or, c'est au nom des nécessités évidentes de notre indépendance et de notre sûreté que nous ne pouvons admettre l'autonomie germanique de ce côté gaulois du Rhin.

Plusieurs écrivains s'en vont répétant que les fleuves n'empêchent point les peuples de s'envahir, que par conséquent la possession de la ligne du Rhin est inutile.

D'abord, il ne s'agit pas de savoir si la barrière que forme un grand fleuve est infranchissable, mais si elle est un obstacle naturel qui favorise extrêmement la défense d'un territoire. Sur ce point il n'y a aucun doute pour quiconque a fait la guerre ou étudié l'art et l'histoire des guerres.

Mais la question est autre encore.

Il s'agit de savoir si la France, sans faire éclater aux yeux du monde un état de décadence et d'abaissement national pire que celui de Rome dégénérée, peut laisser aux mains d'une puissance telle que la Prusse, non-seulement les deux rives du Rhin, mais encore une suite de places fortes redoutables, construites sur le sol de la Gaule pour la défense de la Gaule, et desquelles la Prusse peut à chaque instant s'élancer sur la France avec des bases d'opérations telles, que, même après plusieurs défaites, il lui resterait encore l'avantage de ces positions.

Rome dégénérée défendit et reprit opiniâtrément ces positions jusqu'à son dernier jour. Les Franks, en 407, les défendirent jusqu'à la mort; et, quoique écrasés, ils les reprirent bientôt, dès qu'ils purent.

Sommes-nous moins vaillants que les Gallo-Romains de l'empire déchu? N'avons-nous pas même le simple bon sens, l'instinct du salut qui, à défaut de vraie politique et de grandes vues, fit comprendre toute l'importance de cette rive à de malheureux barbares?

La conclusion pratique et claire de ce qui précède est donc que la France ne peut laisser s'établir l'autonomie prussienne sur la rive gauche du Rhin, ni admettre que la Prusse conserve les forteresses de cette rive.

A plus forte raison ne peut-elle consentir que cette puissance conserve Sarrelouis ou occupe Landau, ni aucune forteresse dans l'intérieur des Gaules.

A plus forte raison doit-elle interdire que Trèves ou n'importe quel point sur nos frontières soit transformé en forteresse.

La Prusse dit : Je conquiers le Schleswig, parce qu'il sera utile au développement maritime de la patrie allemande; et l'Europe ne réclame guère.

Nous aurions bien un droit égal de dire : Nous conquérons les provinces rhénanes parce que, dans l'état nouveau des choses, elles sont indispensables à notre indépendance.

Si l'Europe trouve naturel que la Prusse usurpe le Schleswig et la Pologne selon des nécessités assez difficiles à justifier, pourquoi trouverait-on contraire à la justice que nous réclamions des territoires incontestablement gaulois, nécessaires à notre sûreté, et qui n'appartinrent à la Prusse qu'en vertu des traités de 1815, aujourd'hui abolis?

Europe..., France..., justice...!

Est-ce que le jour de la justice viendra enfin en Europe pour la France?

Pourquoi donc y a-t-il tant de haines en Europe contre nous, et quel mal avons-nous fait au monde?

Vous, messieurs les Anglais, qu'avez-vous à nous reprocher encore?

Vous avez toutes nos colonies, Maurice et la Jamaïque, le Canada et nos Indes. Vous avez toutes les mers, vous êtes chargés d'or et de puissance, n'êtes-vous pas satisfaits? Et dans la balance énorme où pourraient se compter nos désastres, ne trouvez-vous pas enfin que le poids apporté par vos mains est assez lourd?

Vous, braves Allemands, qui vous croyez forts en histoire parce que vous savez par cœur les chants de vos admirables poëtes, arrangeurs de toutes choses selon leurs fantaisies et selon les vôtres, que pouvez-vous donc enfin nous tant reprocher?

Ignorez-vous que pendant des siècles et des siècles nous avons eu à combattre vos perpétuelles agressions? ignorez-vous que la maison d'Autriche, jusqu'à la révolution française, a été l'artisan des coalitions contre nous, comme l'Angleterre l'a été depuis la révolution?

Vous croyez toujours être en 1813... n'est-ce pas triste?

Voilà plus de cinquante ans que vous avez vengé vos injures, usé et abusé de la victoire de l'Europe contre nous — à laquelle vous avez gagné plus que tous les autres peuples — et vous avez encore les mêmes haines?

Oubliez-vous que l'année dernière, au commencement, une parole de la France eût coupé net ce que vous appelez aujourd'hui votre unité — bien que nous soyons étonné de vous voir prendre un joug militaire pour un lien national?

Vous parlez de libertés... où donc avez-vous appris ce langage, sinon en écoutant nos tribunes?

Vous parlez d'unité... qui donc vous a enseigné l'unité, si ce n'est nous?

Vous nous reprochez nos guerres de l'empire en Allemagne... mais oubliez-vous donc que c'est vous, Allemands, qui nous avez attaqués au moment où nous cherchions à nous débarrasser de nos chaînes?

Par suite de vos attaques, nous vous avons vaincus, et nous vous avons opprimés, dites-vous; mais regardez donc ce que vous faites chez les Danois et les Polonais, qui ne vous ont point attaqués.

Cependant votre tort ne peut excuser le nôtre ; nous vous avons opprimés... injustement — soit.

Mais si vous n'aviez pas attaqué, nous ne vous aurions pas opprimés.

Frappez donc vos poitrines, brillantes pour le chant, retentissantes lorsqu'il s'agit de réclamer ce qui vous semble bon à prendre, mais muettes pour la justice.

XI.

Non, la France, dans l'état actuel de l'Europe, ne peut admettre qu'aucune autre puissance qu'elle-même possède des forteresses, des armées, un *imperium* quelconque dans les Gaules. **Elle est contrainte d'adopter cette politique en réponse à la politique du pangermanisme, du panslavisme et de la doctrine Monroë.**

Mais doit-elle désirer d'agrandir son territoire actuel? doit-elle reculer ses frontières jusqu'à ses limites naturelles en s'annexant la Belgique et les provinces rhénanes?

Parmi les considérations qui peuvent conduire à décider cette question, un fait historique des plus éclatants se présente d'abord.

En 1815, nous avons perdu toutes nos colonies ; des sommes énormes pour ce temps ont été payées à nos vainqueurs. L'Europe a quitté notre territoire démembré, troué, emportant notre or avec les clefs de nos frontières et se croyant bien assurée que la France resterait impuissante, garrottée et ruinée pour des siècles.

Cependant, après quarante ans, la France, en Crimée, s'est retrouvée la première puissance militaire de l'Europe.

Sa richesse est devenue telle, qu'au moment de la guerre d'Italie, dans laquelle nous n'avions qu'un intérêt indirect, deux milliards et quelques cents millions ont été souscrits en quelques jours pour les besoins de cette expédition; sur cette somme, on a pris cinq cents millions qui suffisaient, le reste a été renvoyé à une autre occasion; mais on a pu juger de quel effort cette nation serait capable pour une guerre qui intéresserait directement son indépendance.

Nous n'avons pas de colonies pour nous enrichir, car l'Algérie coûte plus qu'elle ne rapporte. Cependant nous sommes redevenus une très-grande puissance sur mer, nous possédons de nombreux navires cuirassés qui, n'ayant rien à défendre au loin, sont toujours prêts pour la guerre.

Nous payons, bon an, mal an, deux milliards d'impôts sous toutes les formes—il n'y a pas là de quoi nous rendre plus fiers — cependant cela ne nous empêche pas de prêter des centaines de millions à l'Italie, à l'Autriche, au Mexique, à tout le monde, de faire tous nos chemins de fer, de démolir et de rebâtir, assez follement sans doute, notre capitale et toutes nos grandes villes, et d'étonner l'univers par un luxe — insensé, j'en suis d'accord, — mais qui, après tout le reste, constate notre énorme richesse.

Nous n'avons point d'orgueil industriel, nous répétons

à tout bout de champ que, dans cette direction, l'Angleterre et même la Belgique nous sont supérieures.

Nous n'avons point d'orgueil scientifique, nous répétons, en levant les yeux au ciel, que c'est en Allemagne qu'il faut aller chercher la science.

Et cependant nous voilà bien étonnés de voir qu'après les traités qui ont presque établi le libre échange, sur lequel Cobden avait compté pour dégorger les manufactures anglaises, nos ménagères, pas plus que nos ouvriers, n'ont rien trouvé dans les boutiques anglaises qui valût nos produits.

Et nous voilà plus étonnés encore de voir que notre exposition est très-supérieure à celle de tous nos concurrents. Ils ont tous apporté de belles choses, dignes d'admiration et de grands prix, ils nous dépassent même dans plusieurs parties. Mais, en somme, l'ensemble de nos produits l'emporte sur l'ensemble des produits étrangers. Sur ce point, les commissaires étrangers eux-mêmes nous rendent volontiers justice.

A quoi donc sa science prétendue supérieure et le travail à trente ou quarante sous par jour servent-ils à l'Allemagne, puisque, la science et le travail à bon marché étant les deux grands facteurs industriels, elle n'est pas, en définitive, capable de lutter avec nous, qui payons nos ouvriers deux ou trois fois plus?

Et comment se fait-il que l'Angleterre nous achète aujourd'hui nos machines à vapeur, nos voitures de luxe, etc., etc., et jusqu'à notre sellerie?

Ainsi, c'est du jour où nous avons perdu nos colonies,

nos conquêtes, et où notre activité a été forcément concentrée dans les étroites limites de notre territoire actuel, que notre puissance et notre richesse se sont accrues, triplées; que notre industrie et nos idées ont marché rapidement à une suprématie incontestable.

Oui, incontestable; car d'un bout à l'autre de l'Europe on lit nos livres en français; car c'est chez nous que le problème fondamental des temps modernes, je veux parler de la question des droits du travail, est né d'abord et reste définitivement posé de la manière la plus nette, la plus pressante, et de telle façon qu'il y tient une place immense dans les préoccupations, les recherches et les efforts pratiques des hommes les plus intelligents.

Oui, pendant que l'Allemagne, ce puits de science, en est encore aux jurandes et aux maîtrises du moyen âge, entendez-vous bien, Français, détracteurs comiques de votre propre dignité? pendant que les ouvriers allemands en sont encore à maudire et proscrire la liberté du travail, la révolution, poursuivant chez nous ses conséquences logiques les plus élevées, recherche, au profit de l'humanité entière, quelle forme légale et rationnelle pourra revêtir le dogme fondamental de la solidarité.

Ainsi, la grandeur du territoire n'étant évidemment pas nécessaire à la grandeur de notre nation, serait-il sage de changer notre situation territoriale?

XII.

Voyons d'abord la Belgique.

Les Belges, pour l'immense majorité, sont bien de même race que nous; ils parlent notre langue, ils ont nos idées, nos lois civiles et administratives, nos mœurs à très-peu près; mais ils ne nous aiment pas. Ce n'est point ici le lieu de rechercher les causes de ce fait : il est incontestable.

Quant à leurs intérêts, la question est complexe. Ils possèdent et pratiquent toutes les libertés, politiques ou autres; l'indépendance des communes est très-grande; l'administration gouvernementale, tout en conservant la forme de la nôtre, est très-peu gênante soit pour les individus, soit pour les communes, et elle est fort économe; le budget très-modéré, la dette publique minime. Il est clair qu'à tous ces points de vue ils ne peuvent être charmés des perspectives que leur offrirait l'annexion.

D'ailleurs, la grande abondance des produits agricoles et industriels y rend la vie très-peu coûteuse; et Bruxelles, capitale de cent cinquante à cent soixante mille âmes, *n'a pas d'octrois*, bien que les rues y soient mieux tenues et beaucoup plus propres que celles de Paris. Ce qui, pour le dire en passant, prouve qu'en réclamant l'abolition des octrois on ne demande pas une amélioration impossible, comme le prétendait naguère le ministre d'État au Corps législatif.

D'un autre côté, la Belgique n'ayant point de marché suffisant pour son industrie, la France serait pour elle un débouché superbe. Car le minerai de fer, la houille, l'abondance des subsistances, le travail et les transports à bas prix réunis chez elle sur un étroit espace, lui donneraient d'immenses avantages. Ses maîtres de forges et un grand nombre de ses fabricants accumuleraient des millions, mais ce serait probablement, du moins dans les premières années, au détriment de plusieurs de nos grands centres industriels. De sorte qu'en définitive, malgré les grands avantages qu'elle procurerait de part et d'autre, l'annexion de la Belgique à la France risquerait fort d'être pénible pour elle et peu agréable pour nous.

En outre, cette annexion pourrait nous attirer une guerre avec nos voisins de la Manche. Non pas qu'ils se soucient beaucoup des libertés communales ou autres de n'importe quel peuple sur le continent, mais à cause de ce beau port d'Anvers, que la France a bâti, qui lui a été enlevé en 1814, et que l'Angleterre ne saurait voir remettre à la France.

A ce sujet, les Belges ont donné dans ces dernières années un mémorable exemple de naïveté politique.

L'Angleterre leur a persuadé facilement que leur indépendance était en danger, c'était plausible ; et elle leur a persuadé de fortifier extrêmement la ville d'Anvers et d'abattre toutes les autres forteresses belges.

Le raisonnement était celui-ci : « Il ne vous est pas possible de défendre la Belgique contre une agression subite

de la France; retirez donc votre gouvernement, vos
chambres avec toute votre armée, dans Anvers fortifié,
de manière à résister au premier effort; la France pourra
occuper le pays sans pouvoir s'y établir puisqu'il n'y aura
plus de forteresses, la coalition sans doute, et nous-
mêmes en tous cas, sommes là tout prêts à vous soutenir. »

Cela est encore plausible, mais voici le plan de l'Angleterre.

Supposons qu'en effet la France, attaquée ou bien mal
inspirée, envahît la Belgique. Si, par suite de victoires
successives, l'occupation devenait définitive sans que la
France prît Anvers, l'Angleterre en était quitte pour reconnaître le fait accompli et garder le magnifique port et la
forte ville d'Anvers. Si la France, entêtée et victorieuse,
ne voulait pas lui laisser Anvers, et que la défense d'Anvers parut coûter trop cher à l'Angleterre, elle faisait
sauter les bassins, les fortifications, comblait le port,
brûlait tout, comme elle a fait souvent, et se retirait laissant une ruine et un désastre à la France, avec tous les
ressentiments qu'il eût entraînés dans le cœur des Belges.

Mais il y a chez nous des politiques qui ne le cèdent
point en naïveté aux bons Belges confiant la défense d'Anvers à l'Angleterre ; ce sont les écrivains qui admirent et
célèbrent le zèle amical avec lequel l'Angleterre s'est
entremise dans l'affaire du Luxembourg afin d'éviter la
guerre.

Vous croyez que c'était pour venir en aide à la France,
dont les fusils n'étaient point en état?

Rappelez-vous leurs accents ironiques après Sadowa, et comprenez bien que leurs sentiments à notre égard sont toujours les mêmes.

Nous allons montrer la série de leurs raisonnements, simples, fermes, pratiques, comme toute la politique anglaise.

Dans ces circonstances récentes, ils ont craint pour la Belgique, c'est-à-dire pour Anvers.

Leurs journaux n'ont pas caché que l'opinion la plus générale en Angleterre était que, prêts ou non, nous ferions en définitive aux Prussiens ce qu'ils ont fait aux Autrichiens; et l'invasion de la Belgique par les Prussiens étant un fait assuré, il devait arriver ensuite non moins assurément que, si les Prussiens étaient vaincus, la Belgique, coupable d'avoir livré passage à nos ennemis, demeurait bien et dûment conquise et annexée.

L'Angleterre se trouvait dans une occurrence très-imprévue.

En effet, pour nous empêcher de prendre la Belgique et Anvers, elle ne pouvait prendre parti pour les Prussiens, car, si nous avions le dessous, la Prusse mettait la main sur la Hollande, cause première du conflit et *confédérait* la Belgique, ce qui ne faisait point le compte de l'Angleterre.

D'un autre côté, occuper Anvers sous prétexte de le défendre sans défendre la Belgique, outre que c'était indécent, c'était jouer un mauvais jeu, puisque le vainqueur se tournait contre elle avec toutes ses forces, et, après un siége plus ou moins long, lui arrachait assurément Anvers.

Mais défendre la Belgique contre la Prusse, ce qui était la dernière alternative et le seul parti raisonnable à prendre, c'était nous donner beau jeu...

Donner beau jeu à la France... oh!...

La vieille Angleterre, saisie d'horreur à cette idée de donner beau jeu à la France ou d'abandonner Anvers au vainqueur, s'est hâtée d'empêcher que les épées fussent tirées; voilà la vérité.

Ah! naïfs ceux qui croient aux bons sentiments de l'Angleterre à notre égard.

Ceux-là ignorent, entre autres, un joli détail que nous tenons d'un personnage parfaitement placé pour le bien connaître.

C'était en 1864, lorsque la guerre du Holstein a commencé, la diplomatie anglaise s'adressant à la France lui dit à peu près :

« Est-ce que vous ne joindrez pas votre escadre à la nôtre pour secourir le Danemark? »

La diplomatie française lui répondit à peu près :

« Volontiers, mais ce n'est pas seulement sur mer qu'il faut secourir le Danemark; c'est par terre.

— Fort bien, faites donc, dit l'Angleterre.

— Mais, dut répliquer la France, toute une grande armée à transporter dans le Schleswig, ce serait une grosse affaire; il serait bien plus expéditif d'envoyer seulement un secours au Danewirke et d'occuper très-simplement et très-vite les provinces rhénanes.

— Faites, faites tout de suite, dit l'Angleterre.

— Pardon, dit encore la France; mais quand nous

aurons dépensé cinq cents millions et fait tuer cinquante mille Français pour l'intérêt du Danemark, qui est votre intérêt bien plus que le nôtre, quelle sera notre indemnité, notre récompense ?

— Eh bien! vous aurez la satisfaction d'avoir de nouveau rendu service à l'Europe et continué vos traditions glorieuses, désintéressées et chevaleresques.

— Mais, dit encore la France, n'aurons-nous point quelque petite rectification des traités de 1815, à titre d'indemnité de guerre?... Nous préférerions cela aux sommes d'argent qu'il est d'usage de tirer aux vaincus.

— Oh ! non, rien du tout, dit l'Angleterre.

— Alors, chère amie, reprit la France, secourez le Danemark toute seule. »

Sur quoi, l'Angleterre ayant calculé que deux sous de Danemark, deux sous de Schleswig et deux sous de foi jurée ne valaient pas pour elle quatre sous de dépense et quatre sous d'inconvénients ultérieurs, elle aima mieux rester tranquille.

Selon le sort des événements à venir qui, tous, dépendront longtemps de la conduite que l'Angleterre a tenue à l'égard du Danemark, car si la prise de Duppel eût été empêchée, rien de tout ce qui arrive aujourd'hui et de ce qui s'apprête n'aurait paru au jour, l'histoire pourra admirer son arithmétique ou mépriser sa prudence, mais personne ne saurait croire à ses sentiments de justice ou de bon vouloir pour la France.

Revenons à la Belgique.

En résumé, la possession de son territoire ne nous est pas nécessaire. Il ne lui plairait pas d'échanger ses libertés contre notre régime politique, et ses hauts-fourneaux auraient trop d'avantages sur les nôtres. C'est plus qu'il n'en faut pour reconnaître que l'annexion de la Belgique à la France n'est pas fort désirable.

Quant aux provinces rhénanes, leur régime politique avant l'avénement de M. de Bismark pouvait valoir mieux que le nôtre ; mais, depuis quelques années, il ne paraît pas qu'elles auraient grand'chose à perdre sous ce rapport par leur réunion à la France. D'ailleurs, leurs lois civiles et administratives sont identiques avec celles qui nous régissent.

Pour leurs intérêts matériels, ils ont beaucoup souffert de la séparation en 1814, et sous beaucoup de rapports les Rhénans auraient grandement à gagner avec nous.

La différence considérable des impôts en France et dans ces provinces est alléguée, à la vérité, comme un avantage de leur situation actuelle ; mais cette différence est compensée, au détriment de toutes les industries qui emploient fréquemment les chemins, et au moins en grande partie pour tous les habitants, par suite de cette autre différence : en France, l'usage des chemins est gratuit ; tandis que dans les provinces rhénanes, comme en Belgique, des droits de barrière considérables sont perçus directement à de courtes distances sur les chemins, avec perte de temps et grand ennui pour tout le monde.

Mais la Prusse a employé tous les moyens propres à éloigner de nous les populations rhénanes; une séparation de cinquante ans les a déshabituées de nous, et leur annexion n'est pas plus enviable que celle de la Belgique.

Les mêmes raisons militent à l'égard de la province cédée en 1815 à la Bavière.

Par conséquent, si le maintien de l'occupation prussienne à Luxembourg avait allumé la guerre, et que tous les succès possibles eussent favorisé nos armes, l'annexion de ces contrées, dont nous serions devenus maîtres, n'eût pas été désirable.

XIII.

En résumé,

Nous n'avons pas besoin de posséder la Belgique les Rhénanes, nous n'avons pas besoin d'augmenter notre territoire; mais nous devons réclamer comme absolument nécessaire à notre sûreté, la restitution de la Sarre et de Landau, de Philippeville et de Marienbourg, non à cause de l'augmentation insignifiante de population et de territoire qui en résulterait, mais encore une fois parce que ces villes sont indispensables à notre défense.

Si la Belgique désire vivre en bonne intelligence avec nous, elle doit se rappeler que Marienbourg et Philippeville lui ont été données non point pour sa défense, mais pour empêcher que nous puissions nous défendre contre une attaque venant de ce côté. La Belgique sait bien qu'elle ne peut empêcher qu'on nous attaque par son territoire; elle ne peut donc, à moins de pactiser évidemment avec nos ennemis, nous refuser la restitution de ces villes qui n'ont d'importance que pour nous, et en échange desquelles on peut lui accorder divers avantages dépassant de beaucoup la valeur de ces villes.

La France ne peut admettre qu'aucune puissance étrangère à la Gaule possède indéfiniment ni une forteresse, ni un corps de garde, ni une sentinelle sur ce territoire des Gaules.

La France doit laisser les Allemands s'arranger entre eux et chez eux comme ils l'entendront; mais en présence de la confédération militaire formée et commandée par la Prusse, et qui menace incessamment l'indépendance des Gaules, la France, dans l'intérêt de la défense commune, ne peut admettre qu'il existe une autre direction militaire que la sienne dans les Gaules.

En conséquence :

La France doit poursuivre incessamment : 1° la rétrocession ou la destruction de toutes les forteresses du Rhin; 2° l'évacuation par la Prusse et par la Bavière de tous les points qu'elles occupent dans la Gaule; 3° la formation d'un État libre et indépendant composé de ces provinces sous le nom de grand-duché du Rhin, et dont le gouvernement peut être donné au comte de Flandre, ou réuni à la Belgique.

Et prenant en ceci exemple de la Prusse, elle doit travailler à établir une alliance étroite réunissant le duché du Rhin, la Belgique, la Hollande et la France sous le nom de *Confédération des Gaules*; elle doit poursuivre l'organisation militaire de cette confédération sur un plan uniforme, débattu en commun; cette organisation militaire doit être placée sous la direction exclusive de la France en temps de guerre.

XIV.

Ce n'est point par la force que ces changements doivent être poursuivis d'abord, et l'espoir d'y parvenir sans guerre, au moins pour la plus grande partie, n'est point si chimérique qu'il peut le paraître.

Avec le moindre sentiment de la justice, les Allemands comprendraient que si, au lendemain de 1815, après nos défaites, lorsque nous étions épuisés, nous avons dû souffrir un démembrement; si pendant cinquante ans, lorsque la Prusse n'était qu'une puissance inférieure dont les mauvais vouloirs agressifs étaient paralysés par la confédération germanique et le contrepoids de l'Autriche, nous avons pu souffrir cet état de choses contre lequel nous rassuraient d'ailleurs notre supériorité militaire, et des victoires continuelles dans toutes nos guerres depuis 1815, cet état de choses est absolument intolérable maintenant que toute l'Allemagne est devenue un champ de conscrits pour la Prusse.

Si, à défaut de justice, les Allemands avaient la moindre idée vraie des sentiments de l'Europe sur ce qui se passe en Allemagne, ils ne s'exposeraient pas à voir quelque jour tout le monde contre eux.

Mais leur égoïsme est immense, leur orgueil est poussé jusqu'au vertige.

Si les Prussiens étaient un peuple politique, ils comprendraient que, dans ces conditions, une guerre peut leur enlever non-seulement les parties de la Gaule qu'il est absurde de leur part de prétendre garder, mais tous les avantages qu'ils ont retirés de leur guerre contre l'Autriche ; tandis qu'un accord sur le Rhin avec la France consoliderait leur puissance. Et après un tel accord, qui ne laisserait plus rien à réclamer de part ni d'autre entre la Germanie et la Gaule, une alliance de ces deux races les plus guerrières du globe, occupant le centre et l'occident de l'Europe, réunissant avec l'Italie plus de cent vingt millions d'hommes, qui n'auraient aucune réclamation à se faire mutuellement, mettrait pour jamais ces trois puissances hors de toute atteinte.

Sans doute il n'y a rien à espérer des déclamateurs vulgaires, de ceux qui nous appellent l'ennemi héréditaire, se croient en 1813 et font des projets pour le jour prochain où ils prendront Paris.

Mais ce qui préoccupe l'Allemagne, c'est le désir de l'unité ; ce qui préoccupe la Prusse, c'est le désir de sa grandeur ; ce qui nous les rend hostiles, c'est la crainte pour l'une que nos armes n'empêchent son unité, pour l'autre qu'elles ne s'opposent à ses agrandissements.

Si nous disions à l'Allemagne : Soyez *une*, à condition que vous renonciez aux provinces rhénanes ; si nous disions à la Prusse : Soyez grande, soyez royaume, soyez empire, soyez tout ce que vous voudrez, à condition que vos soldats quittent les Rhénanes ; est-il présumable que cette proposition n'eût aucune chance d'être acceptée? d'autant qu'il tombe sous le sens que, s'ils nous forçaient à faire la guerre, nous pourrions ne plus consentir à l'unité de l'Allemagne, ils perdraient également les Rhénanes, ils payeraient les frais de la guerre et seraient retardés de cinquante ans dans tous leurs projets.

Quoi qu'il en soit, c'est par la pression de l'Europe que l'on peut arriver à résoudre pacifiquement ces questions. Car toute l'Europe doit craindre un conflit sur le Rhin.

L'Angleterre a tout à craindre, parce que, si la Prusse était victorieuse, c'en serait fait de la Hollande et de Copenhague ; une puissance maritime formidable s'élèverait rapidement devant elle ; une puissance sans scrupule, qui ne tarderait pas, avec l'alliance de la Russie et des États-Unis, à lui porter des coups mortels. Car personne n'ignore que les Américains n'attendent qu'une occasion favorable et une alliance en Europe pour livrer bataille à l'Angleterre.

Dans le cas le plus favorable pour l'Angleterre, celui où la France serait victorieuse, il pourrait arriver, si la Belgique livrait passage à la Prusse, que la Belgique et Anvers fussent annexés. Or, à l'égard d'Anvers l'Angleterre en est comme les Allemands à 1813. Ses frayeurs sont cependant puériles, car il est évident que la France parvenue jusqu'au Rhin remettrait ses armes aux arsenaux, reprendrait sa marche industrielle, ses recherches économiques, et arriverait à cette quiétude des peuples parvenus aux limites possibles de leur puissance territoriale.

D'ailleurs, pendant que la France serait aux prises avec la Prusse, la Russie n'irait-elle pas à Constantinople?

C'est la question grave pour l'Angleterre.

L'Autriche ne doit pas être très-pressée de voir éclater une grande guerre en Europe, il lui faut encore du temps; à la suite d'une lutte prochaine entre la Prusse et la France, si la seconde était victorieuse, l'Autriche sans doute y trouverait de grands avantages; mais dans le cas contraire, l'Autriche ne serait-elle pas exposée à perdre ce qui lui reste de sujets allemands?...

Quant à la Russie, quelle est pour elle l'alternative la plus avantageuse? Évidemment c'est la victoire de la France. Car l'agrandissement de celle-ci jusqu'au Rhin lui est à peu près indifférent; un accord est toujours possible entre elle et la France; il est visible que ces deux puissances sont assez éloignées l'une de l'autre et leurs intérêts assez différents pour qu'elles puissent se mouvoir et s'étendre sans se heurter; une bienveillance réciproque, que nos guerres n'ont fait qu'accroître, facilite tous les rapprochements entre nous et les Russes; assurément, sans le lamentable spectacle de la Pologne, l'accord existerait depuis longtemps.

Tandis que la Prusse, devenue maîtresse des forces de cinquante millions d'habitants par la défaite de la France qui lui livrerait la Hollande, le Danemark, la domination en Belgique, les sujets allemands de l'Autriche, se trouverait incessamment portée sur le flanc de la Russie. Et il n'y a pas de raison pour que, parvenue à ce degré de puissance, l'Allemagne ne trouve que, le Danube étant un fleuve allemand, les bouches de ce fleuve doivent lui appartenir; et que ce fleuve débouchant dans la mer Noire, la sûreté de sa navigation exige qu'elle s'y établisse, que Constantinople étant la clef de la mer Noire ne peut appartenir qu'à l'Allemagne, etc, etc, le tout conformément à la forme habituelle et très-connue des raisonnements politiques de la Prusse dont Luxembourg et le Schleswig ont fourni des exemples récents et mémorables. Ce n'est pas sans des visées très-claires que la Prusse a établi un prince prussien dans les principautés danubiennes; or, les princes prussiens sont nombreux, ils sont pauvres, et la Russie doit assez redouter ces altesses commandant après un désastre de la France à cinquante millions d'individus.

Il ne serait donc pas impossible qu'en comparant le risque d'un accroissement démesuré de la Prusse si la guerre lui était favorable, et les avantages d'une satisfaction donnée pacifiquement à la France, et qui contiendrait l'ambition démesurée de la Prusse en diminuant les causes de guerre générale, il n'est pas impossible que l'Europe reconnaisse que ce qui a été fait par elle dans la question du Luxembourg peut et doit être poursuivi pour toute l'étendue des garanties et des réparations qu'il est juste et sage d'accorder à la France, non par simple amour de la justice ni par amitié pour notre nation, mais dans l'intérêt de tous.

XV.

Si l'Europe ne comprend pas la nécessité d'établir un nouveau système, puisqu'il ne reste plus des traités de 1815 que les clauses qui avantageaient la Prusse contre nous, et que les événements ont rendues absolument iniques à notre égard, la guerre dans un avenir quelconque est inévitable.

Nous ne pouvons pas, nous ne devons pas faire cette guerre sans alliés.

D'abord le Danemark, pour lequel jamais il n'y aurait une occasion si favorable de réparer ses pertes.

Ensuite un peuple dont les armées ont déjà parcouru l'Allemagne en triomphe : la Suède.

Si imposante à l'avénement de Charles XII, elle a perdu par lui ses armées et son autorité en Europe, montrant ainsi à quels désastres un souverain absolu peut conduire une illustre et puissante nation.

Il lui reste ses énergiques enfants, son courage, ses souvenirs, un roi brave et militaire. Elle sait bien que Copenhague est la principale clef de son indépendance ; qui touche au Danemark la touche, elle le sait.

Mais ce peuple n'est pas riche ; ce fut souvent avec l'or de la France qu'il fit ses glorieuses campagnes ; cet or aujourd'hui, en cas de guerre, lui serait plus que jamais indispensable. La Suède pourrait facilement lever, pour reprendre le Schleswig et Duppel, vingt-cinq à trente mille soldats de premier ordre, mais il faudrait lui fournir un subside et des armes.

L'Italie ne saurait manquer à notre appel.

L'évacuation des Gaules par la Prusse nous est aussi nécessaire que l'était pour elle l'évacuation de l'Italie par l'Autriche.

Nous avons dépensé pour elle cinq cents millions, nous lui avons prêté des sommes immenses, nous avons versé le sang de la France pour son indépendance; c'est à son tour de nous secourir.

Il est vrai que la Prusse lui a facilité l'acquisition de la Vénétie, mais elle a rendu à la Prusse un service égal, en obligeant l'Autriche à garder en Italie cent mille hommes qui eussent assuré son triomphe en Bohême. Sans le secours de l'Italie, la Prusse eût été écrasée; ainsi l'Italie et la Prusse sont quittes, mais l'Italie ne l'est point avec la France. D'ailleurs, au peuple le plus politique de la terre, il n'est pas ici besoin de parler de reconnaissance, ce qui est un mot mal vu en diplomatie; il suffit de remarquer que, si la France subissait un désastre, le contre-coup serait immédiat en Italie. Et la Prusse se rappellerait bientôt que le congrès de Francfort avait jugé la ligne du Mincio et de l'Adige indispensable à la sûreté de la patrie allemande.

On a dit dans ces derniers temps que l'Autriche resterait neutre et que la Russie prendrait parti pour la Prusse. Cela paraît difficile à croire. L'une et l'autre sont évidemment les deux puissances les plus disposées à des arrangements avec la France.

Il est vrai que la France a réussi dans ses dernières guerres avec la Russie et l'Autriche, mais ses succès n'ont rien eu d'humiliant pour ces deux puissances. Avec toutes deux elle a été facile au lendemain du combat, avec ni l'une ni l'autre elle n'a abusé de la victoire.

Il est vrai que l'Autriche a besoin de repos, mais pourquoi? assurément pour se préparer à une nouvelle lutte. Assurément l'Autriche n'accepte pas comme définitive la situation qui lui est faite en Allemagne. Et si la guerre éclate entre la France et la Prusse, indubitablement l'Autriche en profitera avec raison pour prendre une revanche devenue alors plus facile.

Quant à la Russie, non-seulement il n'est pas de son intérêt que la Prusse devienne toute-puissante en Allemagne, mais tous les Russes doivent éprouver un secret désir de voir l'arrogance prussienne aux prises avec notre *manière de faire la guerre*, dont ils annoncent qu'ils triompheront en passant, ce qui est fort impoli pour les Russes, qui n'ont pu nous vaincre. Venir au secours de la Prusse, ce serait, de la part de la Russie, donner le spectacle d'une niaiserie politique à laquelle elle n'a habitué personne. Comprend-on ce que serait, à l'égard de la Russie, l'orgueil des officiers prussiens devenus vainqueurs de la France!

XVI.

Quels que soient les sentiments intimes des puissances de l'Europe à notre égard, la France a dans ses mains un moyen simple, énergique, de forcer les alliances dont elle a besoin. Dans cette partie où se joueront tant de choses, la question d'Orient est pleine d'atouts pour notre pays.

Pourquoi ne tiendrait-on pas ouvertement à l'Angleterre et à la Russie le raisonnement suivant :

« Nous sommes sans doute intéressés dans la question d'Orient, mais notre intérêt capital est dans la question des Gaules. Nous sommes donc disposés à subordonner notre action en Orient à cet intérêt capital.

« La Russie veut s'étendre en Orient ; l'Angleterre ne veut pas que la Russie s'étende en Orient... Nous serons avec celle des deux puissances qui nous aidera carrément à contraindre la Prusse de sortir des Gaules et de nous remettre les forteresses du Rhin. »

Ah ! nous avons assez fait le métier de don Quichotte en Europe. Où nous a mené cette chevaleresque politique ? A nous accabler d'impôts, à voir, après quarante ans de succès militaires ininterrompus, notre indépendance menacée et notre situation compromise, jusqu'à ce point étrange que la destruction définitive des traités de 1815, établis contre nous, devient un très-grand péril pour nous.

Il faut en finir avec ce système.

Si l'Angleterre veut continuer de lutter avec notre aide en Orient contre la Russie, qu'elle se charge d'abord de la Baltique, qu'elle envoie ou soudoie en Holstein cinquante mille hommes et qu'elle donne à l'Autriche, à la Suède et à l'Italie, les sommes nécessaires. Surtout

qu'elle ne recommence pas les singulières manœuvres de
sa marine en 1855. C'est encore une histoire assez jolie,
peu connue du public français.

Pendant que la guerre suivait son cours en Crimée
et reposait principalement sur l'effort de la France, l'Angleterre devait combattre pour sa part dans la Baltique.
Elle y promenait des escadres splendides sous le commandement de l'amiral Napier. Mais ces escadres ne fai-
saient guère que des évolutions, et nous aidaient seulement à brûler Bomarsund ; on se promenait toujours
entre les forts des îles d'Aland, situés à dix-huit lieues de
Stockholm, capitale de la Suède, dernier obstacle opposé
au débordement de la Russie par le nord, et Cronstadt,
second Sébastopol plus accessible pour une flotte que
l'autre.

Cependant la destruction de ces forteresses était un
objet capital pour l'Angleterre. Pourquoi donc l'Angleterre se promenait-elle toujours sans rien entreprendre
L'amiral Napier avait-il peur des boulets russes? Oh !
non, pas pour lui. Mais il obéissait à la politique traditionnelle du cabinet de Saint-James.

Lorsque ce cabinet fait la guerre, c'est essentiellement
pour détruire une marine. Et lorsqu'il a des alliés dans
ses guerres, ces alliés perdent presque toujours leur
marine.

Donc, en voyant l'entrain avec lequel don Quichotte
combattait et mourait en Crimée pour les intérêts sacrés
de la vieille Angleterre, en voyant avec quel zèle il faisait
la soupe des soldats anglais et les aidait à disposer leurs

batteries, le cabinet de Saint-James, pour attaquer la grosse affaire de Cronstadt, attendait que don Quichotte, n'ayant plus rien à pourfendre en Crimée, s'en vînt aider les escadres anglaises et réclamer irrésistiblement l'honneur de faire défoncer ses beaux vaisseaux.

Détruire Cronstadt et les îles d'Aland, brûler et couler toute la marine russe, en ayant la jouissance de voir couler et brûler des navires français dont la perte épargnerait d'autant la marine anglaise, n'était-ce pas sage, logique et conforme aux traditions?

Malheureusement la paix signée tout à coup, avant que les îles d'Aland et Cronstadt fussent démantelées, déconcerta et fâcha beaucoup la vieille Angleterre. Ah! cette leçon eût dû la rendre plus sage à propos du Danemark en 1864.

Le sera-t-elle davantage demain? Comprendra-t-elle qu'avec elle ou sans elle, c'est sa grandeur qui se joue dans ces parties où elle se croit très-fine, et où elle ne montre que cette prudence particulière aux peuples très-enrichis, très-engraissés, — état que je ne souhaite pas à ma nation d'atteindre jamais?

La Russie veut-elle nous aider?... que l'Orient lui soit rouvert. Avec l'Italie, la race latine, sans compter la pauvre Espagne, malade à la mort, comptera encore quatre-vingts millions d'habitants capables de regarder tranquillement la Russie, quels que soient ses établissements. Et que les États-Unis profitent de leur chance. Dans cette combinaison, leur heure aura sonné le jour où notre premier coup de canon retentirait sur la Sarre.

XVII.

Si la France, calculant, à la manière anglaise, ce que coûteraient sa dignité, sa sûreté, son indépendance, quand elle a si peu calculé ce que coûtent des guerres pour l'Angleterre, pour l'Italie, pour la Chine et la Cochinchine, enfin pour le Mexique; si le gouvernement de la France, continuant à tâtonner en cherchant des chances, lorsqu'il n'y a plus à chercher qu'une prompte ouverture de salut; si la France et son gouvernement n'osaient; ou si, au contraire, sans plan et sans alliés, la France et son gouvernement s'engageaient follement dans une guerre sans but assuré et capable de payer tant de sang et de risques, alors cette illustre nation pourrait aller rejoindre bientôt, dans l'histoire, tant de peuples illustres chez lesquels l'absence de direction hardie d'une part, et l'absence d'enthousiasme national de l'autre, ont amené une dissolution et un abaissement mérités.

13 juillet 1867.

PARIS. — J. CLAYE, IMPRIMEUR, RUE SAINT-BENO